Félix Lope de Vega y Carpio

# Los Tellos de Meneses

Barcelona **2024**
**Linkgua-ediciones.com**

## Créditos

Título original: Los Tellos de Meneses.

© 2024, Red ediciones S.L.

e-mail: info@linkgua.com

Diseño de cubierta: Michel Mallard.

ISBN tapa dura: 978-84-1126-213-2.
ISBN rústica: 978-84-9816-207-3.
ISBN ebook: 978-84-9897-740-0.

# Sumario

## Brevísima presentación

### La vida

Félix Lope de Vega y Carpio (Madrid, 1562-Madrid, 1635). España.

Nació en una familia modesta, estudió con los jesuitas y no terminó la universidad en Alcalá de Henares, parece que por asuntos amorosos. Tras su ruptura con Elena Osorio (Filis en sus poemas), su gran amor de juventud, Lope escribió libelos contra la familia de ésta. Por ello fue procesado y desterrado en 1588, año en que se casó con Isabel de Urbina (Belisa).

Pasó los dos primeros años en Valencia, y luego en Alba de Tormes, al servicio del duque de Alba. En 1594, tras fallecer su esposa y su hija, fue perdonado y volvió a Madrid. Allí tuvo una relación amorosa con una actriz, Micaela Luján (Camila Lucinda) con la que tuvo mucha descendencia, hecho que no impidió su segundo matrimonio, con Juana Guardo, del que nacieron dos hijos.

Entonces era uno de los autores más populares y aclamados de la Corte. En 1605 entró al servicio del duque de Sessa como secretario, aunque también actuó como intermediario amoroso de éste. La desgracia marcó sus últimos años: Marta de Nevares una de sus últimas amantes quedó ciega en 1625, perdió la razón y murió en 1632. También murió su hijo Lope Félix. La soledad, el sufrimiento, la enfermedad, o los problemas económicos no le impidieron escribir.

## Personajes

Tello Viejo
Tello Mozo
Mendo, villano gracioso
Sancho, villano
Fortún, labrador
Aibar, labrador
Don Ramiro
Bato, villano
Laura, labradora
Inés, villana
Rey Odoño de León
Doña Elvira, infanta
Don Nuño
Benito
Silvio, villano
Villanos
Criados

## Jornada primera

Salen la Infanta doña Elvira y don Nuño.

Infanta      Parecerá loca acción
        a quien la virtud ignora.

Nuño        ¡Extraña resolución
        en una heroica señora,
        hija de un rey de León!
         Otros medios puede haber.

Infanta       Ansí pienso defender,
        contra mi honor y decoro,
        al quererme hacer de un moro
        un rey cristiano mujer.

Nuño        Ejemplos hay conocidos
        de mujeres que supieron
        reducir a sus maridos,
        y que a la fe los trujeron
        los brazos y los oídos.
         Tal con el rey de Valencia
        tu hermosura y tu presencia,
        señora, pudieran ser,
        al mayor ejemplo hacer,
        si no igualdad, competencia.
         Casa con él; que, aunque moro,
        en las virtudes sin fe
        es un archivo, un tesoro;
        y, aunque fuera de ella esté,
        sabrá guardarte decoro.
         Hace el Rey esta amistad
        por ganar la voluntad

del de Córdoba y Toledo,
no porque los tiene miedo,
por mayor seguridad,
que nadie se ha de mover
en siendo Tarfe su yerno.

Infanta     Primero pudiera ser
volverse gloria el infierno
que ser de Tarfe mujer.
En lugar de flores bellas,
Nuño, nacerán estrellas,
y los peces de los ríos
trocarán sus centros fríos
al manto que esmalta en ellas.
Primero el feroz denuedo
del arrogante león
tendrá de un cordero miedo,
será firme la ocasión,
y se estará el tiempo quedo.
Cesarán la competencia
los elementos ociosos
de su inmortal resistencia,
y no tendrán envidiosos
privanza, virtud ni ciencia.
Será la flaqueza fuerte,
tendrá venturosa suerte
el bien con la ingratitud,
enfadará la salud
y será dulce la muerte.

Nuño     ¿Resuelta, en efeto, estás
de que el conde castellano
te favorezca?

| | |
|---|---|
| Infanta | Hoy verás |
| | del moro el intento vano, |
| | y el de mi padre, que es más. |
| | No juzgues a desvarío, |
| | Nuño, el pensamiento mío; |
| | siendo forzoso ausentarme, |
| | nadie puede remediarme |
| | mejor que el conde mi tío. |
| | Heme fiado de ti, |
| | de tu valor confiada, |
| | para defenderme ansí; |
| | que yo sé que iré guardada |
| | de ti mejor que de mí. |
| | |
| Nuño | ¡No me tengan por traidor |
| | si te acompaño en tu error! |
| | |
| Infanta | No es error hacer defensa |
| | una mujer en la ofensa |
| | de su virtud y su honor. |
| | Sara cegó de llorar |
| | por no se querer casar; |
| | y fue de alabanza dina, |
| | huyendo a un padre, Eufrosina, |
| | a quien pretendo imitar; |
| | en hábito de varón |
| | huyó Eugenia, y yo he tenido |
| | para huir más ocasión |
| | de un rey de León que ha sido |
| | para mí rey y león. |
| | A punto mis joyas tengo; |
| | que los sucesos prevengo |
| | que temo, aunque no lo sé, |
| | pues que por guardar mi fe |

**11**

a tantas fortunas vengo.
  Si como Cecilia fuera,
algún ángel esperara
que mi virtud defendiera,
porque ese moro dejara
su ley tan bárbara y fiera.
  Mucho del cielo confío;
de mí no, Nuño; y ansí
intento tal desvarío.

Nuño              Para servirte nací,
blasón de mi sangre y mío.
  Mira a la hora que quieres
que venga por ti, pues eres
quien se vale de mi nombre;
que nace obligado un hombre
a defender las mujeres.

Infanta            Cuando se ponga la Luna,
que media noche será.

Nuño              Vendré sin falta ninguna,
en un caballo, en que ya
corramos los dos Fortuna.

Infanta            Pues por el parque saldré.

Nuño              Y yo a la puerta estaré.

Infanta            Aunque es hazaña atrevida,
más quiero perder la vida
que no aventurar la fe.

Vanse. Salen Tello Mozo, vestido de gala, con aderezo dorado y plumas, y Laura, labradora.

Tello Mozo        Finalmente ¿no he podido
                  guardarme de ti?

Laura                     De amor,
                  ¿quién puede? Y más si el temor
                  de ausencia promete olvido.
                     Y de la suerte que vas,
                  vestido a lo cortesano,
                  ¿no ves que encubres en vano
                  los enojos que me das?
                     Que entre esperanza y temor
                  vivo con tantos recelos
                  que me avisaran los celos
                  cuando se durmiera amor.
                        ¿Cómo te has vestido ansí?

Tello Mozo        Prima, aunque Tello, mi padre,
                  es labrador, por mi madre
                  hidalgo y noble nací;
                     y él en toda la montaña
                  de León siempre ha tenido
                  fama de ser bien nacido,
                  y de los godos de España.
                     Pues ¿qué quieres a un mancebo
                  como yo? ¿No es poco honor
                  de los dos ser labrador?
                  Por dicha, ¿en el mundo es nuevo
                     que quien tiene hacienda emprenda
                  ser algo más de lo que es?
                  ¿En qué desatinos ves
                  que le gasto mal su hacienda?

¿Es mucho que a la ciudad
vaya como hombre de bien,
adonde los que me ven
conozcan mi calidad?

¿Quién culpa lo que no pasa
de un honrado pensamiento?
¿Tengo de ir en un jumento,
como un villano de casa?

En ella, gracias a Dios,
afeitan la yerba a un prado
cien yeguas; pues mi criado
y yo ¿es milagro que en dos

vamos a ver la ciudad
y a comprar alguna cosa?

Laura            A no dejarme celosa
del traje la novedad

y de León la hermosura,
tu pensamiento aprobara.
Galán, es cosa muy clara
que harás alguna locura.

Tú gracias, yo pocas dichas,
¿qué espero, pues de las galas
nacen a los hombres alas
y a las mujeres desdichas?

Fuera de esto, si en León
ves las damas cortesanas
o en visitas o en ventanas,
donde con tal perfección

está el adorno y el traje
que en ángeles las convierte,
después, ¿qué ha de parecerte
nuestro rudo villanaje?

Una mujer que consejo

pidió al tocarse a una fuente,
no a un mar de cristal enfrente,
que es más lisonja que espejo,
   ¿qué podrán ser para ti
cuando vuelvas de León?

Tello Mozo        Prima, lo mismo que son
los prados en que nací,
   con su natural belleza,
no los jardines del arte;
porque es en aquella parte
madrastra Naturaleza.
   Deja celos excusados,
porque me pone temor
mostrarme tanto rigor
antes de estar desposados.
   ¿Qué dejas para después,
si esto me dices agora?

Salen Tello Viejo e Inés, labradora.

Inés         Bien lo sabe mi señora,
pues le llama.

Tello Viejo       Espera, Inés.
   ¡Qué buena conversación!
¿Tú con gente cortesana,
Laura?

Tello Mozo (Aparte.)   (Cogiome; por Dios,
que le avisaron que estaba
de partida a la ciudad.)

Laura        La vista o la edad te engaña;

con Tello, mi primo, estoy.

Tello Viejo    ¿Quién es Tello?

Laura          ¿No le acabas
de conocer?

Tello Viejo    ¿Cómo puedo?
Que Tello mi hijo, Laura,
es labrador como yo,
aunque de aquestas montañas
el más bien nacido y rico,
y habrá dos horas que andaba
con un gabán y un sombrero
tosco, abarcas y polainas.
¿Hijo yo con seda y oro,
espada y daga dorada,
plumas y más aderezos
que una nave tiene jarcias?
No creas tú que es mi hijo.
Caballero, ¿dónde pasa?
¿Es cazador de este monte?
¿Perdiose acaso? ¿No habla?

Tello Mozo     ¿Qué tengo de hablar, señor,
si de esta suerte me tratas?
Quien te avisó mejor fuera
que este enojo te excusara.
¿Es mucho que a la ciudad
un hijo de un hombre vaya
tan principal como tú,
y que ha de heredar tu casa,
en traje que lo parezca?

Tello Viejo        Y ¿es justo que en esas galas
gastes con tanta locura
el dinero que no ganas?
¿En qué está la diferencia
de la nobleza heredada,
al oficial o al que cuida
de su cuidado y labranza?
En que el uno vista seda
y el otro una jerga basta.
La carroza del señor,
que, cuando el techo levanta,
descubre los arcos de oro
con las cortinas de grana,
¿no ha de tener diferencia
a un carro con seis estacas,
cuatro mulas por frisones,
su mismo pelo por franjas,
que, cuando mucho, a una fiesta
lleva en un cielo de caña
algún repostero viejo
con las armas de otra casa?
¿Beber en cristal es poco,
o de algún arroyo el agua
con la mano, que le vuelve
la mitad desde la barba;
comer en plata o en barro,
supuesto que más se gasta,
pues nunca de su valor
faltó la plata quebrada?
¡Ay, Tello! La perdición
de las repúblicas causa
el querer hacer los hombres
de sus estados mudanza.
En teniendo el mercader

alguna hacienda, no para
hasta verse caballero,
y al más desigual se iguala.
¿Qué hijo de un oficial
lo mismo que el padre trata?
De aquí nace aquella mezcla
de cosas altas y bajas,
que los matrimonios ligan,
con que sangres y honras andan
revueltas; de aquí los pleitos,
las quejas y las espadas.
Hidalgo naciste, hijo;
pero entre aquestas montañas
de un labrador que ha vivido
del fruto de cuatro vacas,
seis ovejas y dos viñas.
Dejad al señor las galas
y a los soldados las plumas;
volved al paño y la abarca;
que yo soy mejor que vos,
y tal vez los pies me calzan
por el riguroso enero
las nieves de las montañas,
y en junio las canas cubre
algún sombrero de paja;
quede agradecido al trigo,
la pongo sobre estas canas.

Tello Mozo      ¿Quién pudiera persuadir,
padre mío, con palabras
a los años, que se olvidan
de lo que por ellos pasa?
No hay hombre anciano que crea
que caminó la jornada

de la vida en aquel brío,
cuando el que tuvo le falta.
Conozco que ha sido exceso
de un labrador estas galas;
pero no de un hijo vuestro,
que sois rey de estas montañas.
Si fuérades labrador
de aquéllos que cavan y aran,
no pudiera a vuestra culpa
satisfacer mi ignorancia;
pero si cuando del cielo
en copos la nieve baja,
no cubre más de estos montes
que con las guedejas blancas
vuestro ganado menor;
y si de ovejas y cabras
parecen los prados pueblos,
y yerba y agua les falta;
si tenéis de plata y oro
tanto cofres, tantas arcas,
y tiran cien hombres sueldo
de vuestra familia y casa,
¿por qué os engañó la edad
en decir que lo que acaba
las ciudades es hacer
los hombres tales mudanzas?
El que su casa no aumenta
y la deja como estaba,
no es hombre digno de honor,
antes de perpetua infamia.
¿Para qué camina un hombre
tanto mar sobre una tabla;
para qué estudia y pelea,
sino para que su fama

aumente a su casa el nombre?
Que si el mundo se quedara
en el oficio de Adán,
Naturaleza, afrentada,
se corriera de mirar
por muros y torres altas,
por palacios, por ciudades,
montones de trigo y paja.
No hubiera ciencias, no hubiera
quien el mundo gobernara,
ni pinturas, ni esculturas,
sedas, piedras, oro y plata.
Fue divina providencia
para las cosas humanas
diversas inclinaciones;
y por eso a nadie espanta
que aprenda un hombre a empedrar,
pudiendo desde su infancia
aprender artes que en oro
piedras preciosas engastan.
Yo, en efeto, padre mío,
no me inclino a cosas bajas;
si os cansan mis pensamientos,
a mí los vuestros me agravian.
A Ordoño, rey de León,
hace guerra el de Granada;
con alistarme soldado
vendrán bien plumas y galas.
Ni os gastaré vuestra hacienda
ni oiré tan viles palabras;
que si vos estáis contento
del campo y de su ganancia,
yo aspiro a cortes de reyes
y a ennoblecer vuestra casa.

*Vase.*

| | |
|---|---|
| Tello Viejo | Oye, Tello; Tello, escucha. |
| Laura | Él tiene mucha razón. |
| Tello Viejo | ¿Tan poca reprehensión<br>le cansa? |
| Laura | No es sino mucha. |
| Tello Viejo | Ayuda tú, por tu vida;<br>anda, di que no se vaya. |
| Laura | ¿Cómo es posible que haya<br>quien estorbe su partida? |
| Tello Viejo | Pues yo iré; que por ventura<br>tendrá respeto a quien soy,<br>si no a tu amor. |

*Vase.*

| | |
|---|---|
| Laura | ¡Buena estoy! |
| Inés | Si estás de su amor segura,<br>¿qué importa que vaya Tello<br>a la ciudad? |
| Laura | Nadie amó<br>segura. |
| Inés | Presumo yo |

que con un sutil cabello
le atarás y le tendrás.

Sale Mendo.

Mendo                         ¿Está acá nueso amo el mozo?

Inés                            Cayose el gozo en el pozo.

Mendo                         ¿Qué dices?

Inés                               Que no te vas.

Mendo                            Engáñaste; que ha de ser
lo que Tello una vez dice,
si el mundo lo contradice.

Laura                        Pues esta vez no has de ver
la ciudad, Mendo alcahuete.

Mendo                           ¿Yo alcahuete?

Inés                             Pues ¿quién es
el que le lleva?

Mendo                              Yo, Inés.

Inés                           Buen castigo te promete
señor, por esas maldades.

Laura                       Sí, Mendo, culpado estás;
que, como a la corte vas,
a que vaya le persuades,
contándole lo que ves.

| | |
|---|---|
| Mendo | ¿Qué veo yo? |
| Laura | Mil mujeres, |

pintándolas como quieres
de la cabeza a los pies.
   Y todo es linda invención,
porque ¿qué puedes tú ver
mientras llevas a vender
trigo, cebada y carbón?
   Desnuda lo cortesano,
vuelve al capote.

Mendo                ¡Por Dios,
que me tratáis bien las dos!
¿Esto de serviros gano?
   ¿Quién dice a Tello, quién cuenta
tus gracias? ¡Qué lindo humor!
¿Quién le anima a mi señor
al casamiento que intenta?
   ¿Quién te pinta cuando al día
sirves de alba al levantarte?
¿Quién, cuando vas a acostarte,
tu cubierta bizarría?
   ¿Quién le dice como yo,
Laura, que te guarde fe?

Laura                Hoy, Mendo, yo te escuché,
donde ninguno me vio,
   cuando a Tello le dijiste:
«No es tu valor para el monte;
déjale, alégrate, ponte
galas, colores te viste.
   Una tosca montañesa

que consultó para erizo
Naturaleza, y la hizo
en el molde de una artesa
   con un zapato de lazo
como un medio celemín,
sobre la ceja el garbín,
la cola en el espinazo;
   ¿qué tiene que ver con ver
una columna de nieve
en tres puntos de pie breve?»

Mendo               ¿Yo lo dije?

Laura                Y hay mujer,
   perro, que tiene los pies
como bonete doblado.
Pues alabar el calzado
solo escucharas, Inés,
   medias, zapatillo y liga,
a Venus imaginaras.
Todas tienen lindas caras;
no hay mujer de quien no diga
   que es un serafín, un cielo,
como de la corte sea;
infierno llama a la aldea.

Mendo          ¡Bien pagas, Laura, mi celo!
   Yo tengo la culpa, yo,
porque alabo, estimo y quiero
aquel tomillo salsero
con que este monte os crió;
   el oler a flor de espinos
por abril en las orillas
de los ríos, no a pastillas

de esos ámbares divinos,
   que han dado a tantas mujeres
mal de madre, y a los hombres
tanto enfado y otros nombres
que impidan vuestros placeres.
   ¿Quién vuestra limpia hermosura
y vuestra tez encarnada,
tiesa y firme como espada,
sin pelo ni quebradura;
   aquel lavarse a dos manos,
un caldero por espejo;
el querer al tiempo viejo;
y el pedir sin pasamanos;
   aquel blanco delantal
con mil randas y labores,
en que puede coger flores
la misma aurora oriental;
   quién lo alaba y encarece
como yo?

Laura         Ya he conocido
tus lisonjas.

Mendo         Quien ha sido
la causa, esto y más merece.
   Pero yo lo enmendaré
con llevarle a la ciudad
para que sea verdad.

Laura         Y yo a señor le diré
   cómo eres perro de muestra
de Tello, el ventor y hurón
de sus damas, destruición
suya y de la hacienda nuestra;

que eres el que vende el trigo
que le hurtáis, y aun el dinero...

Mendo          Escucha, Laura.

Laura          No quiero.
Hoy cuanto pasa le digo.

*Vase.*

Mendo          Inés, detenla.

Inés          ¿Yo?

Mendo          ¿Pues?

Inés          Mal conoces el estado
a que conmigo has llegado.

*Vase.*

Mendo          Oye una palabra, Inés.
    Más quiero oír un «vos», más un desprecio
de quien ayer en baja mar vivía;
más por fuerza escuchar mala poesía,
y a un sordo, oyendo yo, que me hable recio;
    más quiero ver a la virtud sin precio,
sufrir de un ignorante la porfía;
querer una mujer que tenga tía;
hablar a un bobo y respetar a un necio;
    más quiero consentir de un estudiante
el frío verso y bachillera prosa,
con mucha presunción, siendo ignorante;
    más los melindres de una necia hermosa,

y que en falsete un barbinegro cante,
que resistir una mujer celosa.

Vase. Salen el Rey de León, viejo, Ramiro y criados.

Rey
¿A qué podrá llegar mi desventura?
O ¿qué podrá servirme de remedio?

Ramiro
Señor, el cuerdo el último procura;
que la paciencia es saludable medio
para curar los males imposibles.

Rey
¡Fuerte elección, si está la muerte en medio!
No fueran mis desdichas insufribles,
Ramiro, a no ser yo la causa de ellas;
que esto las hace justas e invencibles.
Si yo culpar pudiera a las estrellas,
o un loco amor, que el más real decoro
suele vencer cuando faltaran ellas,
remedio hallara en el dolor que lloro;
mas no le puede haber faltando Elvira,
porque, cristiano, quise darla a un moro.
Mas quien el corazón penetra y mira
sabe que fue mi intento confianza
de que al bautismo el de Valencia aspira.
¿Qué dice Blanca, en fin?

Ramiro
Que la esperanza
es vana de buscarla, a lo que piensa,
si vive ya donde el poder no alcanza;
pues, viendo que era débil la defensa
con que pudiera resistir tu gusto,
fiando el caso a la piedad inmensa,
solicitado de tu gran disgusto,

como era darla por mujer a un hombre
que, no siendo cristiano, fuera injusto,
     salió con diferente hábito y nombre
donde tienen por cierto que se ha muerto.

Rey            ¿A quién habrá que mi dolor no asombre?
     Sin duda de las fieras del desierto
sepulcro es ya, pues no parece en cuanto
se ha buscado, inquirido y descubierto.
     Que Porcia del amor aplaque el llanto
comiendo brasas; que Lucrecia el pecho
al hierro entregue, no me causa espanto,
     ni, reducida a punto tan estrecho,
el de Cleopatra a un áspid, ni el ardiente
de Dido y Fedra en lágrimas deshecho;
     pero que una mujer cristiana intente
matarse ¿a quién no causa maravilla?
¡Desesperada, infiel, inobediente!
     ¿Qué ha respondido el conde de Castilla?

Ramiro         Lo que todos responden admirados.
     En fin, ningún lugar, ciudad ni villa
     dejó de verse en todos sus estados;
ni el de Navarra sabe cosa alguna.

Rey            Quitaránme la vida mis cuidados.
     No me quiero quejar de mi fortuna;
castigo fue del cielo mi imprudencia.
Disculpa no podrá tener ninguna,
ni mal tan grande remitir paciencia.

Vanse. Salen la Infanta y don Nuño con una caja de joyas en la mano.

Infanta        Suelta las joyas, villano,

ya que me dejas ansí.

Nuño

    Pienso, Elvira, que de mí
te vienes quejando en vano,
pues, pudiendo ser tirano
de tu más noble tesoro,
y no como indigno moro,
sino como noble hidalgo,
de tanto peligro salgo
libre tu honor y decoro;
    que en este monte pudiera,
dando lugar al deseo,
hacer que del vil Tereo
menor la tragedia fuera.
Esta montaña tuviera
otra Filomena hermosa,
más desdichada y quejosa;
pues si te dejo el honor,
¿qué joyas tienen valor
que igualen la más preciosa?
    Acompañarte no ha sido
traición, pues que fue ampararte;
la traición fuera forzarte,
a tu grandeza atrevido.
Mi honor, mi patria he perdido;
si es ansi, forzoso es,
para librarme después
entre moros y cristianos,
llevar el oro en las manos,
que son los mejores pies.

Infanta

    Aunque las joyas te pido,
no es por ellas mi interés;
por una sortija es

**29**

que del rey, mi padre, ha sido;
que, aunque tanto me ha ofendido,
le tengo notable amor.
Cosa es de poco valor.

Nuño                 ¿Es la de esta sierpe?

Infanta                 Sí;
que de un diamante y rubí
tiene en la boca una flor.

Nuño le da a la Infanta una sortija.

Nuño                 Toma; que aunque ésta tuviera
el valor de las demás,
no te negara jamás
cosa que tu gusto fuera.

Infanta                 No me dejes sola, espera,
en tan ásperas montañas;
llévame a aquellas cabañas.

Nuño                 Seré, Elvira, conocido
por autor, como lo he sido,
de tan infames hazañas.
   Quien ha tenido valor
para venir de esta suerte,
no tema, Elvira, la muerte,
pues no ha temido el honor.
Donde me lleva el temor
voy arrepentido y triste;
confieso que me pusiste
una esperanza, que fue
por donde hasta aquí llegué

con la ocasión que me diste.
   Codicia de tu belleza
me dio causa aquella tarde;
pero rendila, cobarde,
a los pies de tu grandeza;
que no pudo mi bajeza
tener tan altos despojos,
ni atreverme a darte enojos
pude en ocasión igual;
que la hermosura real
tiene deidad en los ojos.
   Cuantas veces me incitaba
un pensamiento amoroso,
tantas de tu rostro hermoso
la grave luz me cegaba.
Quien en tal batalla estaba
bien hace en dejarte, a efeto
de que el temor más discreto,
tratándote, fuera ingrato;
que es tan poderoso el trato
que a nadie guarda respeto;
   que si algo suele perder,
contra las humanas leyes,
respeto, Elvira, a los reyes,
solo el trato puede ser.
Túrbase quien llega a ver
de un rey la deidad severa,
como su ser considera,
y el más sabio se recata;
pero quien los sirve y trata
ni se muda ni se altera.
   Yo parto, en fin, vitorioso
de mí mismo, y tan leal
que dejo ocasión igual

al más cuerdo o más dichoso.
Lo que me trujo animoso,
determinado en secreto,
me vuelve necio y discreto.
Perdona, y quédate aquí;
que voy huyendo de ti
por no perderte el respeto.

Vase.

Infanta           Hurta los rayos al dorado hermano
para vestirse de su luz la Luna;
sin mirar otra palma, de ninguna
cortó racimos de oro el africano.
   Gime la tortolilla, y gime en vano,
cuando el esposo que murió importuna;
sin dueño no hay en monte fiera alguna.
Mi vida alegre en el discurso humano,
   de la suerte que el alma al cuerpo informa,
es como la primera inteligencia,
materia la mujer, el hombre forma.
   Y tanto más ampara su presencia,
y así su forma nuestro ser conforma,
que, siendo éste traidor, siento su ausencia.

Canta dentro un Villano.

Villano           Triste está la infanta Elvira,
días ha que no se alegra;
que la casa el rey su padre
con el moro de Valencia.

Infanta           Aquí llegan mis desdichas;
pero si la causa llega,

tan triste como atrevida,
¿qué mucho que lleguen ellas?

Villano          ¡Qué mal lo ha mirado Ordoño!
A la fe que se arrepienta;
porque quien no teme a Dios
no puede hacer cosa buena.

Infanta          ¡Ah, buen hombre, ah labrador!

Dentro.

Villano          Digo que llaman, Teresa,
detrás de aquellas carrascas,
y voz de mujer semeja.

Sale el Villano     ¿Quién llama? ¿Quién es? ¿Sos vos?
¡Voto al Sol, que es cosa nueva
vuestro traje en estos montes,
que no es a la usanza nuestra!

Infanta          Más nuevas son mis desdichas.
Trújome por esta tierra
un capitán.

Villano               ¿Quién lo duda?
Como tiene el amor flechas,
a las más engañan plumas.
¿Cómo diablos os inquieta
tanto en vuestras almohadillas
el tapatán de la guerra?
Pero ¿cómo os deja aquí?

Infanta          Por mis desdichas me deja,

que son largas de contar.
Pero dime, ¿son aldeas
esas grandes caserías,
que de ellas parecen peñas
y de ellas huertas parecen?

Villano          Todas son casas que albergan
hombres ricos montañeses,
que se quedaron en ellas
desde el tiempo de los godos;
tienen aquí sus haciendas
y son reyes de estos montes.
Ésa que miráis más cerca
es de Ramiro de Aibar,
mi amo; esotra más vieja
es de Servando Fernández;
estotra es de Mendo Vega,
aquélla es de Ortún Ordóñez;
pero de aquí legua y media
la de Tello de Meneses,
hombre a quien todos respetan.
Allí hallaréis amparo,
pero con alguna ofensa
de vuestro honor.

Infanta          ¿Por qué causa?

Villano          Porque tiene un hijo en ella
más galán que Gerineldos,
que no hay moza que no pesca
en todo aqueste distrito.

Infanta          Pues mejor será a la vuestra.

| | |
|---|---|
| Villano | Ramiro de Aibar, mi amo, |
| | tiene una hija doncella, |
| | y con ella estaréis bien; |
| | pero trocando la seda; |
| | que no os querrán recebir. |
| | |
| Infanta | Ninguna cosa desean |
| | mis penas sino mudar |
| | el traje. Si alguno hubiera |
| | antes de llegar allá, |
| | por sayal, por tosca jerga |
| | le diera de buena gana. |
| | |
| Villano | Conmigo vino Teresa |
| | para ayudarme a cargar |
| | de carrascas la carreta; |
| | hablad con ella; que pienso |
| | que os ayude cuanto pueda, |
| | aunque rústica aldeana, |
| | porque, con ser montañesa, |
| | sabe más que Cencerrón, |
| | Arístoles y Seneca. |
| | |
| Infanta | Vamos, pues, adonde está. |
| | |
| Villano | ¡No es mala la diferencia, |
| | pues por un carro de roble |
| | llevo una carga de seda! |

Vanse. Sale Nuño con la caja de las joyas.

| | |
|---|---|
| Nuño | Sin saber dónde camino, |
| | me lleva el justo temor |
| | donde me trujo el amor |

o me enseña mi destino.
      Mas ya, temor, no imagines
que has de hallar segura tierra;
que quien los principios yerra
¿cómo ha de acertar los fines?
      Necio fue mi atrevimiento
en ayudar la locura
de Elvira, por la hermosura
que cegó mi pensamiento;
      pero, en fin, ya la dejé,
y por sendas tan incultas
voy que, al mismo Sol ocultas,
ni las penetra ni ve.
      En mis imaginaciones
no hay rama en esa ocasión
que no sea un rey de León,
y cada rey mil leones.
      Lo que me da más cuidado
son las joyas, enemigos
que han de servir de testigos
si soy de su gente hallado.
      Y así, cavando la tierra
con esta daga, las quiero
esconder; pero primero,
para conocer la tierra,
      poner alguna señal.

Dan voces dentro.

      Gritos dan. Todo me asombra;
que espanta su misma sombra
a quien dice o hace mal.

Hablan dentro Mendo y Tello Mozo.

| | |
|---|---|
| Mendo | Por aquí, por aquí fue. |
| Nuño | Ellos me buscan a mí. |
| Tello Mozo | ¿Dónde, Mendo? |
| Mendo | Por aquí. |
| Tello Mozo | Él es. |
| Mendo | ¡Muerto soy! ¿Qué haré?<br>Pero detrás de estas ramas<br>será mejor esconderme. |

*Escóndese. Salen Mendo, Tello Mozo con una ballesta, y Sancho.*

| | |
|---|---|
| Tello Mozo | Desdicha habemos tenido. |
| Mendo | ¿Cómo? |
| Tello Mozo | Que ya no parece. |
| Mendo | En parte, por Dios, me huelgo;<br>que es venir a cazar liebres<br>durmiendo en sus verdes camas<br>como caza de mujeres;<br>y querer matar un oso<br>es peligro, donde suele<br>burlarse el más alentado,<br>engañarse el más valiente. |
| Tello Mozo | Yo desde lejos querría<br>tirarle. |

| Mendo | Pues no te acerques, |
| | que el ejemplo de Favila |
| | aun está en León presente. |

| Tello Mozo | Dime, ¿qué te dijo Laura? |

| Mendo | ¿Qué áspid, tigre o serpiente, |
| | qué caimán o cocodrilo, |
| | pisados o heridos, vuelven |
| | con tal furia como Laura |
| | contra mi pecho inocente, |
| | diciéndome que yo era...? |
| | ¿Direlo? |

| Tello Mozo | Dilo. |

| Mendo | Alcahuete, |
| | que te llevaba a León |
| | para que sus damas vieses; |
| | que te las pintaba a todas |
| | con lisonjeros pinceles, |
| | para moverte a cosquillas |
| | la sangre en la edad que tienes; |
| | que yo te ayudaba a hurtar |
| | el trigo; y, aunque no miente, |
| | siendo tanta la abundancia, |
| | mucho cuidado parece. |
| | Demás de que ya tu padre, |
| | de miserable, no quiere |
| | ni aun darte para vestir, |
| | cuando en ese campo llueve |
| | lana, trigo y aun maná, |
| | siendo por sangre Meneses. |

Pues a mí, que el otro día
le pedí unos zaragüelles,
me dijo: «Sin ellos te anda,
Mendo, pues camisa tienes;
que con sayo a la rodilla
mis abuelos y parientes
sin zarargüelles andaban
más ligeros y más fuertes».
Respondile: «En esos tiempos
eran los aires más leves;
pero agora son tan bravos
que dieran risa a la gente».
Añadió que te decía
mil testimonios, y advierte
que la he dado la palabra
que no irás eternamente
a la corte, aunque te llame
el rey por trescientas veces.

Tello Mozo          Loca debe de estar Laura.

Mendo          Cuerda o loca, no te quejes
de mí si no voy contigo.

Tello Mozo          ¿Qué es aquello que se mueve?

Mendo          Allí han sonado las ramas.
¡El oso es, tira!

Dispara la ballesta Tello Mozo.

Tello Mozo          Acertele;
pues se queja.

| | |
|---|---|
| Mendo | ¡Lindo tiro! |
| Sancho | ¡Lindo flechazo! |
| Mendo | Excelente. |
| Tello Mozo | Bien puedes llegarle a ver; <br> que con yerba presto muere. |
| Mendo | Pues no salió tras nosotros, <br> no hayas miedo que se vengue, <br> por el corazón le diste. |
| Tello Mozo | Pues llega a verle. |

Éntranse Mendo y Sancho.

¿Qué temes?

Dentro Mendo.

| | |
|---|---|
| Mendo | ¡Vive Dios, que has muerto a un hombre! |
| Tello Mozo | ¿Qué me dices? |
| Mendo | Llega a verle. |
| Tello Mozo | Sacadle los dos en brazos. <br> ¿Hay tal desdicha, hay tal suerte? <br> ¿Era cazador acaso? |
| Mendo | Hidalgo y noble parece. |

Sacan Mendo y Sancho a Nuño con una flecha.

**40**

| | |
|---|---|
| Tello Mozo | ¿Quién sois, caballero? |
| Nuño | ¡Ay cielo! <br> Esto mis culpas merecen. <br> Yo soy... |

Muere.

| | |
|---|---|
| Mendo | Quedose en «yo soy»; <br> lo demás dijo la muerte. |
| Tello Mozo | ¡Buen talle! |
| Mendo | ¡Gentil vestido! <br> Los despojos te competen. <br> ¿Qué habemos de hacer? |
| Tello Mozo | Callar; <br> y al hombre que lo dijere, <br> ¡vive Dios, que he de cortarle <br> la lengua! |
| Mendo | Señor, pues eres <br> el dueño de este difunto, <br> ¿qué haremos de él? |
| Tello Mozo | Mendo, hacerle <br> sepultura en ese arroyo. |
| Sancho | ¡Cruel estrella! |
| Mendo | ¡Que llegue <br> a morir por oso un hombre! |

Tello Mozo          Arrójale, Mendo, y vuelve.

Mendo y Sancho meten al difunto.

¿De qué sirve esconderse de tu flecha,
muerte cruel, pues dondequiera, airada,
llamas sin voz, y con tu planta helada
entras donde jamás entró sospecha?
Para esconderse, muerte, no aprovecha
la cortina de púrpura bordada;
porque la mira en la ballesta armada
desde que nace el hombre tienes hecha.
Pero este ejemplo, aunque cruel, advierte
que fue muerte de éste merecida,
y no por culpa de su triste suerte.
Pues claramente da a entender la herida
que quien como animal tuvo la muerte
murió en el traje que vistió la vida.

Fin de la primera jornada

## Jornada segunda

Sale la Infanta sola.

Infanta                 No se cansa mi fortuna
de engañarme y perseguirme,
pues, en mis desdichas firme,
no espero mudanza alguna.
   Al hábito labrador
incliné mi majestad,
porque en tal desigualdad
desconociese el valor;
   peor así me ha conocido
y ha hecho suertes en mí,
como si fuera quien fui
o supiera lo que he sido.
   Serví en el rústico traje
que estoy, para ser ejemplo
de que no hay tan alto templo
que el tiempo no humille y baje;
   y, aunque en la casa que estaba
su dueño bien me quería,
una hija que tenía
mis acciones envidiaba.
   Fuerza fue no la sufrir,
porque no hay más que temer
que una envidiosa mujer
adonde se ha de servir;
   que, si tantas penas pasa
quien por vecina la tiene,
a mayor desdicha viene
quien vive en la misma casa.
   La de Tello de Meneses
me dicen que es por aquí.

¡Ay, Fortuna, si de mí
y de mi honor te dolieses!
    Hame puesto un labrador,
que sus locuras me dijo,
miedo con Tello, su hijo,
para defender mi honor;
    por otra parte he sabido
que es muy cortés y galán.
¿Dónde estos serranos van?
¡Qué dicha hubiera tenido
    si fueran de su labranza!

Salen Sancho y Mendo.

Mendo                     Cuanto a Inés, Sancho, no quiero
                    obligarte con que espero
                    en sus desdenes mudanza.
                        Tengo tan poco favor
                    que, en dejar de pretender,
                    no pienso que pueda hacer
                    mayor servicio a mi amor.
                        Si te quiere bien a ti,
                    yo me rindo; tuya sea.

Sancho                    Amor me dice que crea
                    que me favorece a mí,
                        y no le falta razón;
                    que, bailando el otro día,
                    le dije que la tenía
                    en medio del corazón.
                        Con esto, en sala, en cocina,
                    dondequiera que la veo,
                    se ríe y muestra el deseo
                    que a tener mi amor la inclina.

Antiyer la pellizqué,
y tal mojicón me dio
que sin seso me dejó.

Mendo            Y ¿es favor?

Sancho            Pues ¿no lo fue,
si brazo y mano tenía
más limpio que están las flores?

Mendo            Sancho, de tales favores
tengo yo muchos al día.
   No tiene hacienda señor
para comprar cucharones,
con que me da coscorrones,
sin tenerlos por favor.
   ¡Oh, qué mal, Sancho, conoces
estas ninfas del fregado
que, como yeguas en prado,
retozan tirando coces!
   Yo te la doy, pues estás
de esos favores contento.

Sancho            Quejas oigo, pasos siento.

Mendo            Quedo, no te informes más.
   Serrana, que guarde Dios,
¿dónde bueno por aquí?

Infanta            De casa de Aibar salí,
bien le conocéis los dos,
   donde he servido dos meses.
Era importuna mi ama,
y voy buscando por fama

la de Tello de Meneses.
¿Sois suyos acaso?

Mendo            Sí;
y a vos, detened el paso,
no os ha hecho el cielo acaso.

Infanta          Dicha ha sido para mí
hallar de su casa gente.
Pero de cierta ocasión
traigo mala información.

Mendo            Creed que la envidia miente.
Si queréis servir allá,
buen salario os aseguro.

Infanta          Creedme que lo procuro.
¿Está lejos?

Mendo            Cerca está.

Infanta          ¿Querrame a mí?

Mendo            ¿Qué decís?
Tal gracia y talle tenéis
que la casa mandaréis
si un mes en ella servís.

Habla aparte a Sancho.

Sancho, acoto esta mujer;
a Inés te di.

Sancho           Soy un necio;

mas por la mitad del precio
pleito te quiero poner.
   Porque tiene tanta estima
que, para que me la des,
te daré por ella a Inés
y dos cabritos encima.

Mendo             No hay que tratar: ella es mía.
Seguidme, hermosa serrana;
que nunca tan de mañana
salió en este monte el día.

Infanta           Para perder el temor,
de aquí a su casa podréis
contarme lo que sabéis
de este hidalgo labrador;
   que, entretenidos ansí,
no hay camino que se sienta.

Mendo            Bien decís; estadme atenta;
que no está lejos de aquí.
   Serrana, cuya belleza
nació para ser señora
en los palacios del rey,
y no es haceros lisonja,
sabed, ya que los honráis
con vuestra presencia hermosa,
que en las faldas de los montes
de Asturias yace a la sombra
un León, cuyas guedejas
tiembla el moro y el Sol dora,
a quien el piadoso cielo
restituye la corona.
Éste las doradas garras

muestra al África, de forma
que por mil partes le vuelve
las espaldas temerosas.
De donde los tuvo ocultos
don Pelayo en Covadonga,
tantos fidalgos descienden
que están las montañas solas;
pero de los que han quedado,
cuyos solares adornan
paveses de antiguas casas,
familias de gente goda,
la de Tello de Meneses,
serrana, es la más famosa,
más rica, y por muchas causas
más respetada de todas.
Cincuenta pares de bueyes
aran la tierra, abundosa
de rubio trigo, que apenas
hay trojes que le recojan.
Trepan estas altas peñas
fértiles cabras golosas
en cantidad, que parece
que otro monte inculto forman.
Bajan a ese claro río,
de aquellas nevadas rocas,
a beber tantas ovejas
que unas a otras se estorban;
que los cristales que encubren
las arenas por un hora,
los mismos peces enseñan
envueltos en verdes ovas.
Las rocas llamé nevadas,
no por los hielos de Bóreas,
mas porque la blanca lana

hace que no se conozcan.
No hay dehesas, vegas, prados
adonde las vacas coman,
con ser de Tello las mieses
diez leguas a la redonda.
Los toros al herradero,
como el fuego los provoca
del hierro abrasado, vienen
novillos y salen onzas.
En llegando la vendimia
de negras uvas rebosan
los lagares, que las cepas
por pardos sarmientos brotan.
Treinta y más hombres las pisan,
y el mosto que sus pies moja,
para cuando vino sea
les jura vengar su honra.
Aquí en cárceles de erizos
le dan castañas sabrosas
los montes, las anchas vegas
verdes peras, guindas rojas,
con las pálidas camuesas,
nueces, avellanas, moras,
servas, nísperos y almendras,
que flores de nácar bordan.
Gansos los arroyos cubren,
aves tan vanas y locas
que con aquel débil cuello
piensan que en el cielo topan.
Los animales morenos,
lenguaje que el mundo toma,
pues llama moreno a un negro,
siendo la color notoria,
salen al ronco instrumento

en gran número al aurora,
aunque más parece noche
por donde el camino asombran.
En esos bosques sombríos
con amorosas congojas
braman mil sueltos venados
por las ciervas desdeñosas.
Los conejos advertidos
por los vivares se alojan,
y escogen campo las liebres
adonde ligeras corran.
Cuando el madroño sangriento
su verde fruto colora,
salir de sus altas cuevas
los osos peludos osan.
No menos los jabalíes,
que el verano se remontan,
vienen a buscar hambrientos
las sazonadas bellotas.
Aquí entra bien Tello el mozo,
que la fama mentirosa
os ha pintado, diciendo
que cuanta mira deshonra.
Digo que entra, porque suele
con valor y vanagloria
matar estos animales,
puesto que a su padre enoja;
que con su sangre a un venablo
de suerte el oro desdora
que está de esta parte el asta,
y el acero de la otra.
Es un mancebo galán
que puede servir de alcorza
tan dulce que algunas hembras

se le llegan como moscas.
Hablar en su cortesía
es contar granos de aljófar
sobre las flores que el alba
llora en sus cogollos y hojas.
Su entendimiento y blandura,
su condición generosa
para un príncipe nacieron,
que no para gente tosca.
He sido yo de opinión,
que tengo en algunas cosas,
aunque labrador, buen gusto,
ni es todo el sayal alforjas,
que, como las frutas, hizo
Naturaleza estudiosa
los hombres agros y dulces;
y así, en esta casa agora
Tello el viejo es agro y Tello
el mozo es dulce. —No os pongan
temor, porque el noble viejo
trata de su hacienda sola
y, aunque estéis aquí dos años,
sin ser falta de memoria,
no sabrá si le servís,
porque hay doscientas personas;
mas si fuérades oveja,
como sois mujer, señora,
supiera cuándo naciste
mejor que vuestra parroquia.
El mozo no os hará mal,
porque sus manos y boca
compone su entendimiento,
y en sus palabras sus obras;
fuera de que es imposible

que los ojos en vos ponga,
respeto de que su padre
le quiere dar por esposa
a Laura, una prima suya,
que es una gallarda moza,
si vuestra hermosura y gracia
que esto diga me perdona;
que, no habiendo competencia
con los claveles y rosas
de vuestra boca y mejillas,
las suyas blancas y rojas
pueden hacer un invierno
primavera deleitosa;
porque de solas las almas
merece ser labradora.
Pero ella y una criada
a esta fuente sonorosa
por agua bajan; hablaldas;
y a mí, a quien tanto enamoran
esos ojos, dad licencia
que a serviros me disponga;
que en esta ruda corteza
vive un alma que os adora,
de quien en tosca materia
seréis vos divina forma,
seréis miel en alcornoque,
letras en persona rota,
valor en hombre sin dicha
y ventura en vida corta,
guante de ámbar en villano,
en ruin lengua buena copla,
armas en cobarde pecho,
doblón rico en pobre bolsa;
que, desdeñado o querido,

seré vuestro en pena, en gloria,
contento en cualquier estado
que la Fortuna me ponga.

Salen Laura e Inés con dos cantarillas.

Inés            Digo que es Mendo, y que viene
con Sancho y una mujer.

Laura            ¿Que siempre éste ha de traer
lo que celosa me tiene?

Infanta          Dadme, señora, esa mano.

Laura            ¿Qué es esto, Mendo?

Mendo            Señora,
una hermosa labradora
que hallé en ese verde llano.
    Dice que a Aibar ha servido
y que por cierto disgusto
le ha dejado.

Infanta          Con más gusto,
si dicha hubiera tenido,
    en vos me hubiera empleado;
pero yo no merecía
serviros.

Laura            La cortesía,
el talle, el traje, el agrado,
    el rostro, obliga a estimar,
serrana, el ofrecimiento.

| | |
|---|---|
| Infanta | Menos os digo que siento, |
| | y solo os puede obligar |
| | el hallarme en tierra extraña. |
| | |
| Laura | ¿De dónde sois? |
| | |
| Infanta | De Castilla. |
| | |
| Laura | Mucho el veros maravilla |
| | que vengáis a la montaña. |
| | |
| Infanta | Es larga historia; después |
| | os la quiero referir. |

Hablan aparte Laura e Inés.

| | |
|---|---|
| Laura | Mejor que para servir, |
| | es para servida, Inés. |
| | |
| Inés | Recíbela, por tu vida; |
| | que es lástima que se pierda. |
| | |
| Laura | La condición se me acuerda |
| | de Tello. |
| | |
| Inés | Está defendida |
| | con el amor que te tiene; |
| | y ésta es moza honesta y grave, |
| | si no encubre lo que sabe. |
| | |
| Laura | ¿Qué sé yo de dónde viene? |
| | |
| Inés | ¿Habrá más de despedilla |
| | si al rostro sale traidora? |

**54**

| | |
|---|---|
| Laura | ¿El nombre? |
| Infanta | Juana, señora. |
| Laura | Tomad esta cantarilla<br>y seguidme, que en la fuente<br>me contaréis vuestra historia. |

Vanse la Infanta, Laura e Inés.

| | |
|---|---|
| Mendo | Llevado me ha la memoria. |
| Sancho | Yo hallo un inconveniente. |
| Mendo | ¿Cómo? |
| Sancho | El viejo, que retozos<br>teme en mozas de despejo. |
| Mendo | Si no la quisiere el viejo,<br>servirá para los mozos. |

Vanse. Salen Aibar, labrador, y Bato.

| | |
|---|---|
| Aibar | Pienso que negociaremos;<br>que es muy rico y liberal. |
| Bato | Fortún no ha dado un real;<br>¡bien con él la igreja haremos! |
| Aibar | Tello es hombre de valor. |
| Bato | ¿Quién da voces? |

Salen Tello Viejo y Silvio.

| Tello Viejo | ¿Esto pasa?<br>¡Salid, villano, de casa! |
|---|---|
| Silvio | No tengo culpa, señor;<br>detén, por Dios, la cayada. |
| Tello Viejo | ¿Qué tengo de detener?<br>¿De mi hacienda habéis de hacer<br>como de hacienda robada?<br>¡Vive Dios...! |
| Silvio | Oye en disculpa... |
| Tello Viejo | ¿Qué disculpa puedes darme<br>que no sirva de enojarme<br>y de hacer mayor tu culpa?<br>¿Cuántos pies tiene un lechón? |
| Silvio | Cuatro. |
| Tello Viejo | Pues ¿cómo has traído<br>tres? |
| Silvio | El uno se ha caído;<br>que ya sé que cuatro son. |
| Tello Viejo | Del pecho te he de sacar<br>este pie si le has comido. |

Huye Silvio y Tello Viejo le sigue, volviendo enseguida.

| | |
|---|---|
| Bato | ¡A buen puerto hemos venido!<br>Vámonos, señor Aibar. |
| Aibar | Dices bien. ¿Éste es Meneses,<br>aquel noble y liberal?<br>No he visto miseria igual. |
| Bato | Menester fue que lo vieses<br>para poderlo creer. |

Hacen que se van.

| | |
|---|---|
| Tello Viejo | ¿Quién va? ¿Quién sale de aquí?<br>Vuelva quién es. |
| Aibar | No entendí,<br>puesto que te vine a ver,<br>hallarte enojado. |
| Tello Viejo | Aibar,<br>ya sabes que soy tu amigo.<br>No lo estoy mucho, y contigo<br>me sabré desenojar.<br>¿Qué quieres? ¿A qué venías? |
| Aibar | No más de a verte. |
| Tello Viejo | Es engaño,<br>pues el irte es desengaño,<br>que alguna cosa querías. |
| Aibar | No, cierto. |
| Tello Viejo | Di la verdad; |

que nuestra amistad se ofende.

Aibar
    Pues a quien tan bien la entiende,
quiero hablarle en amistad.
   Tello, a mí me han encargado
recoger algunos días,
por aquestas caserías,
la limosna y el cuidado
   de la iglesia que labramos
de esta vega en la mitad,
con que la dificultad
de ir a la villa excusamos.
   Ella está ya comenzada;
limosna os vine a pedir,
porque siempre oí decir
vuestra condición honrada
   y la liberalidad
con que procedéis en todo;
pero entré, y halleos de modo
que, diciéndoos la verdad,
   os tuve por miserable;
que reparar en un pie
un hombre tan rico fue,
Tello, bajeza notable.
   Por esto, a la fe, me fui.

Tello Viejo
   Cierto que tenéis razón.
Es ansí mi condición;
pero es en mi casa ansí.
   Venid, Aibar, a la tarde,
y contad tres mil ducados.

Aibar
   ¿Qué decís?

| | |
|---|---|
| Tello Viejo | Que, a estar contados, |
| | no fuera en darlos cobarde. |

Aibar ¿Tres mil?

Tello Viejo　　　　　Mirando en un pie
　　　　　y en otras cosas ansí,
　　　　　puedo daros lo que os di,
　　　　　y otros muchos os daré.
　　　　　　Id enhorabuena, Aibar.

Aibar　　　　　Tres mil años, y aun es poco,
　　　　　viváis.

Tello Viejo　　　　　Id con Dios.

Aibar　　　　　Voy loco.

Bato　　　　　¡Tres mil! ¿Qué más pudo dar
　　　　　el mismo rey de León?

Hablan aparte Aibar y Bato.

Aibar　　　　　¿Qué te parece el ejemplo?
　　　　　Que quien a Dios labra templo,
　　　　　da beneficio a pensión.

Vanse Aibar y Bato.

Tello Viejo　　　　　¡Qué bienaventurado
　　　　　puede llamarse el hombre
　　　　　que con escuro nombre
　　　　　vive en su casa, honrado
　　　　　de su familia, atenta

a lo que más le agrada y le contenta!
    Sus deseos no buscan
las cortes de los reyes,
adonde tantas leyes
la ley primera ofuscan
y, por el nuevo traje,
la simple antigüedad padece ultraje.

    No obliga poca renta
al costoso vestido,
que al uso conocido
la novedad inventa,
y con pocos desvelos
conserva la igualdad de sus abuelos.

    No ve la loca dama
que por vestirse de oro
se desnuda el decoro
de su opinión y fama
y, hasta que el arco rompa,
la cuerda estira de la vana pompa.

    Yo salgo con la aurora
por estos verdes prados,
aun antes de pisados
del blanco pie de Flora,
quebrando algunos hielos
tal vez de los cuajados arroyuelos.

    Miro con el cuidado
que salen mis pastores;
los ganados mayores
ir retozando al prado
y, humildes a sus leyes,
a los barbechos conducir los bueyes.

    Aquí las yeguas blancas
entre las rubias reses,
las «emes» de Meneses

impresas en las ancas,
relinchan por los potros,
viéndolos retozar unos con otros.

   Vuelvo, y al mediodía
la comida abundante
no me pone arrogante;
que no pienso que es mía,
porque, mirando el cielo,
el dueño adoro con humilde celo.

   Todos los años miro
la limosna que he dado
y lo que me ha quedado,
y diciendo suspiro,
viendo lo que se aumenta:
«Siempre me alcanza Dios en esta cuenta.»

   Voy a ver por la tarde,
ya cuando el Sol se humilla,
por esta verde orilla,
el esmaltado alarde
de tantas arboledas,
locos pavones de sus verdes ruedas;

   y, como en ellas ojos,
frutas entre sus hojas
blancas, pálidas, rojas,
del verano despojos,
y en sus ramas suaves
canciones cultas componer las aves.

   Cuando la noche baja,
y al claro Sol se atreve,
cena me aguarda breve,
de la salud ventaja;
que, aunque con menos sueño,
más alentado se levanta el dueño.

   De todo lo que digo

le doy gracias al cielo
que fertiliza el suelo,
tan liberal conmigo;
porque quien no agradece
la deuda al cielo ni aun vivir merece.

Salen Laura, Inés y la Infanta.

Inés                    Aquí está señor.

Laura                      Bien creo
que se ha de alegrar de verte.

Infanta                  Tengo yo tan poca suerte
que lo imposible deseo.

Laura                    Esta serrana, señor,
que de Aibar criada ha sido,
en tu nombre he recibido;
que muestra a tu casa amor,
    y la habemos menester.

Tello Viejo              ¿Menester adonde hay tantas?
¡A qué cosas te adelantas!
Id con Dios, buena mujer;
    que bostezos de señora
tiene mi sobrina ya.
Viendo que la casa está
con tanta familia agora,
    ¿más costa quiere añadir?

Laura                      ¿Costa una pobre mujer
en tu casa puede hacer
y que te viene a servir?

| | |
|---|---|
| Tello Viejo | Pues ¿no es una boca más? |
| Laura | Donde todo está sobrado, ¿te da una mujer cuidado? Pienso que enojado estás. |
| Tello Viejo | Laura, mira por mi hacienda, pues es toda para ti. |
| Infanta | Doleos, señor, de mí; no permitáis que me ofenda tan grave necesidad que se me atreva al honor. Por pobre os pido favor, aunque tengo calidad. De limosna habéis de hacer esto por Dios y por mí. |
| Tello Viejo | ¿Por Dios decís? |
| Infanta | Señor, sí. No me permitáis perder. |
| Tello Viejo | Jamás por Dios he negado cosa que pudiera hacer. Laura... |
| Laura | ¿Señor? |
| Tello Viejo | La mujer con lágrimas me ha obligado; ella queda recebida. Vístela, para las fiestas, |

de algunas cosas honestas,
aunque no está mal vestida.

Laura                     Yo buscaré qué la dar.

Tello Viejo           Si tuyo, Laura, ha de ser,
¿qué me puede a mí deber?
Hazle un vestido sacar
     que cueste hasta cien ducados.

Laura                    Pues tú, que darla temías
de comer donde estos días
comen doscientos criados,
     ¿la mandas vestir ansí?

Tello Viejo           Laura, una cosa es guardar
nuestra hacienda, y otra es dar;
lo que he guardado le di.

Laura                   No habrá vestido en la sierra
que a tanto pueda llegar.

Tello Viejo           Pues bien la puedes comprar,
a la usanza de esta tierra,
     arracadas y corales;
que muestra ser bien nacida.

Laura                  Juana, ya está recebida.

Infanta              Esas manos liberales
beso mil veces, señor.

Tello Viejo           Id en buen hora, y guardad
en todo la honestidad

que merece vuestro honor.

*Vanse todas y queda solo Tello Viejo*

En mi vida, aunque tratase
a quien jamás conociese,
hice bien que le perdiese
ni mal que no me pesase.
O mal o bien lo emplease,
siempre de aquesta virtud
resulta al alma quietud;
aunque conozco también
que del Sol del hacer bien
es sombra la ingratitud.

*Entran, en jubón, Tello Mozo con una pala de pelota, y Mendo.*

Tello Mozo          Cansado estoy.

Mendo                    Has jugado
dos horas largas y más.

Tello Mozo          Señor me vio.

Tello Viejo              ¿Dónde vas?

Tello Mozo          A vestirme voy, cansado
de jugar un desafío
con dos mozos montañeses.

Tello Viejo          ¡Es, por vida de Meneses,
tu cuidado el propio mío!
¿Qué jubón es ése, Tello?

| | |
|---|---|
| Tello Mozo | ¿Nunca has visto este jubón? |
| Tello Viejo | ¡Bravas tus locuras son!<br>¡Ponte una cadena al cuello!<br>¿Qué te costó? |
| Tello Mozo | No lo sé.<br>Basta que yo lo he pagado. |
| Tello Viejo | ¿Sí? ¿De lo que has trabajado? |
| Tello Mozo | No poco trabajo fue. |
| Mendo | Bien dice, pues que sacamos<br>a cuestas cuarenta hanegas<br>de trigo. |
| Tello Viejo | A locuras llegas<br>que has de hacer que nos perdamos.<br>¿Perdiste al juego? |
| Tello Mozo | Perdí. |
| Tello Viejo | ¿Cuánto? |
| Tello Mozo | Cien reales no más. |
| Tello Viejo | ¿No más? ¡Qué gracioso estás! |
| Tello Mozo | Esto ¿qué te importa a ti? |
| Tello Viejo | Pues ¿a quién le ha de importar<br>si a mí no me importa, loco? |

| | |
|---|---|
| Tello Mozo | ¡Cosas dices...! |
| Tello Viejo | Poco a poco. |
| Tello Mozo | ¿Aun no me dejas hablar? |
| Tello Viejo | Ten, en hora mala, seso.<br>¿Cien reales? |
| Mendo | ¿De esto te enojas? |
| Tello Viejo | ¿Y las mejillas muy rojas<br>del sudor y del exceso?<br>Ve, Mendo, y a Laura di<br>que una camisa te dé;<br>no se resfríe. |

Vase Mendo.

| | |
|---|---|
| Tello Mozo | No haré,<br>si estoy delante de ti,<br>que me haces sudar de pena. |
| Tello Viejo | Falta te harán los cien reales. |
| Tello Mozo | Sí harán, porque mis iguales<br>no han de pedir cosa ajena. |
| Tello Viejo | Ven por mil a mi aposento. |

Vase.

| | |
|---|---|
| Tello Mozo | Mil años vivas, señor. |

(Aparte.)              (¡Mil reales! ¡Qué extraño humor!
                       ¿Y siente que pierda ciento?)

Sale Mendo.

Mendo                      De trigo se los ahorra.

Tello Mozo                 Perdone o de sí me aparte;
                       que yo no tengo otra parte
                       que mis fortunas socorra.

Sale la Infanta con una camisa doblada en un azafate.

Infanta (Aparte.)          (Querer mi honor resistir
                       mi fortuna es desvarío,
                       si el primer servicio mío
                       es a quien pensaba huir.
                          Diome esta camisa Inés
                       para Tello, aquel travieso
                       mozo de tan poco seso
                       que de estas montañas es
                          el Júpiter, el Narciso,
                       el galán, el robador...
                       Mas ya me ha dado el temor
                       de su condición aviso.
                          ¡Ay Dios! Allí está... ¿Si es él?
                       Pero es fuerza que lo sea.
                       ¡Buen talle! ¿Quién hay que crea
                       que habrá mal término en él?
                          ¡Gentil aire! No parece
                       de sangre humilde aquel brío.)

Tello Mozo             ¿Quién habla aquí?

| | |
|---|---|
| Infanta | Señor mío,<br>quien desde agora os ofrece<br>una criada, añadida<br>a las muchas que tenéis. |
| Tello Mozo | ¿Vos servís? |
| Infanta | Pues ¿no lo veis? |
| Tello Mozo | ¿O venís a ser servida?<br>¿De dónde sois? |
| Infanta | Yo, señor?<br>De Castilla. |
| Tello Mozo | ¿De qué tierra? |
| Infanta | De Zamora. |
| Tello Mozo | Y ¿a esta tierra<br>venís a servir? ¿Fue amor?<br>Que éste tiene gran poder,<br>mayormente en la hermosura. |
| Infanta | Siempre he vivido segura<br>de querida y de querer.<br>Fue pura necesidad;<br>pero tengo algún valor,<br>y no era justo, señor,<br>que mujer de calidad<br>sirviera en su propia tierra;<br>que algún tiempo fui servida,<br>y por no ser conocida<br>vengo a servir a la sierra. |

| | |
|---|---|
| Tello Mozo | ¿No hubo desde Zamora<br>a León gente ninguna<br>que os hablase y viese? |
| Infanta | Alguna<br>que en tantos lugares mora,<br>y mucha que caminaba. |
| Tello Mozo | Y ¿eran ciegos? |
| Infanta | No, señor. |
| Tello Mozo | Y ¿a nadie le dijo Amor<br>que en vuestros ojos estaba? |
| Infanta | ¿Qué amor? |
| Tello Mozo | ¿No sabéis lo que es? |
| Infanta | No, cierto. |
| Tello Mozo | Moveisme a risa. |
| Infanta | Poneos, señor, la camisa;<br>que así me lo dijo Inés. |
| Tello Mozo | Es amor una pasión<br>que se engendra de los ojos,<br>que ciertos vapores rojos<br>levantan del corazón;<br>   los cuales naturalmente<br>suben y intentan salir;<br>por eso es fuerza acudir |

a los ojos como a fuente.
    Miran la persona amada
y, como es el corazón
su patria, aunque ajenos son,
como propia les agrada.
    Pero, como en ella están
con violencia sus enojos,
vuelven a buscar los ojos
por donde a los otros van.
    Entran en quien los envía
y, en el camino encontrados,
son cometas abrasados
que encienden la fantasía;
    con la cual el corazón
se mueve, y el movimiento
engendra el dulce elemento
de aquella imaginación.
    Considerad, si os admira,
o me he declarado mal,
el aliento en el cristal
de un espejo que se mira;
    que de esta manera son
estos espíritus rojos
en el cristal de los ojos,
espejos del corazón.

Infanta                  Yo, señor, como villana,
no entiendo filosofías;
que hasta en las palabras mías
voy por la senda más llana.
    No hay en mi tierra ese amor,
ni espíritus que le formen;
basta que dos se conformen,
que es lo que entiendo mejor;

que si alguno con mal fin
con espíritus mirara,
el cura se los sacara
a puro hisopo y latín.
    Advertid que habéis jugado,
y que os podéis resfriar.

Tello Mozo
    Antes me temo abrasar
que morir de resfriado;
    que ya he visto en vuestros ojos
el fuego en que me abraséis.

Infanta
    Teneos, señor, no me deis
con los espíritus rojos;
    que se me pueden entrar
al corazón si es ansí,
y temo que no haya aquí
quien me los pueda sacar.

Tello Mozo
    No sé si pueda creer,
de tu estilo y tu presencia,
que es segura tu inocencia.

Infanta
    Pues ¿en qué lo echáis de ver?

Tello Mozo
    En que cuando estás hablando
tienes traidora la risa.

Infanta
    Poneos, señor, la camisa;
que me estarán aguardando.

Tello Mozo
    ¿Cómo te llamas?

Infanta
        ¿Yo? Juana.

| | |
|---|---|
| Tello Mozo | Juana, seamos amigos;<br>que, a no temer los testigos,...<br>Pero venme a dar mañana<br>esa camisa; que agora<br>no me la quiero mudar. |
| Infanta (Aparte.) | (Yo me vuelvo en cas de Aibar.) |
| Tello Mozo | Oye. |
| Infanta | ¡Señora, señora! |

Salen Laura e Inés.

| | |
|---|---|
| Laura | ¿Qué es esto? |
| Tello Mozo | ¿Qué puede ser?<br>¿No me envías esta moza<br>con la camisa? |
| Laura | Y retoza<br>la burra en el alcacer. |

Habla a la Infanta.

¿Quién la camisa te dio?

| | |
|---|---|
| Infanta | Inés, señora. |

A Inés.

| | |
|---|---|
| Laura | Pues di,<br>¿doyte la camisa a ti, |

que estaba ocupada yo,
y dasla a estotra que apenas
ha entrado en casa?

Inés                    ¿Qué quieres?
¿Todas no somos mujeres?

Laura                    Sí; pero hay malas y buenas,
y a ésta puede la ocasión,
aunque sea buena, hacer mala.
¿No había Silvia o Pascuala?

Tello Mozo              No tienes, Laura, razón
en tenerme en poco a mí,
que sabes que tuyo soy.
Aunque más culpa te doy
en desconfiar de ti;
que con el merecimiento
nadie se puede igualar.

Laura                    Tello, por el mar de amar
navega mi pensamiento,
y ya sabes tú que celos
son las tormentas de amor.

Tello Mozo              Ofendes, Laura, tu honor,
y eres ingrata a los cielos.

Laura                    Juana, si has de estar aquí,
con Tello no has de hablar más;
solo aquello en casa harás
que yo te mandare a ti.
¿Haslo entendido?

| | |
|---|---|
| Infanta | Muy bien, |
| | y eso mismo quiero yo. |
| | |
| Laura | Pues esto basta. |
| | |
| Tello Mozo (Aparte.) | (Yo no.) |
| | |
| Laura | ¿Qué dices? |
| | |
| Tello Mozo | Que yo también. |
| | |
| Laura | Entra a mudarte. |
| | |
| Tello Mozo | Ya es tarde. |
| | |
| Laura | No quiero que estés aquí. |
| | |
| Tello Mozo (Aparte.) | (¡Ay ojos! ¿Para qué os vi, |
| | si ha de haber quien siempre os guarde?) |

Vanse todos menos la Infanta.

| | |
|---|---|
| Infanta | Admiración me ha causado |
| | el talle y la discreción |
| | de Tello; prodigios son |
| | y monstruos de un monte helado. |
| | Si aquí me hubiera criado, |
| | o su igual nacido hubiera, |
| | presumo que me pudiera |
| | obligar a algún amor; |
| | porque he visto en él valor |
| | que para un príncipe fuera. |
| | No por esta variedad |
| | es bella naturaleza; |

que es dar ingenio y belleza
donde falta calidad,
error de su indignidad,
si en ella le puede haber.
¡Qué estilo de proceder!
Pero ¡ay Dios! ¿En qué pensaba?
Necia estoy; que quien alaba
no está lejos de querer.
　　¡Cuántos que en las cortes nacen
envidiaron el valor
de un hijo de un labrador,
que ilustre sus partes hacen!
O acaso me satisfacen,
por ver que a lucir se alienta,
donde apenas hay quien sienta;
que a quien donde no pensó
más que imaginaba halló,
cualquier cosa le contenta.

Salen Tello Viejo y Fortún, labrador.

Tello Viejo　　　　　Mucho me pesa de veros,
Fortún, en fortunas tantas.

Fortún　　　　　Fianzas me han puesto ansí.

Tello Viejo　　　　　¡Qué mal no han hecho fianzas!
A muchos he dado hacienda
de la que tengo, a Dios gracias;
mas no he fiado a ninguno.
Pero mirad las mudanzas
de la dicha de los hombres;
toda vuestra hacienda os sacan
con dos dedos de papel,

y a mí me escribe esta carta
el rey.

Fortún              Pues ¿a vos el rey?

Tello Viejo         Llevamos esta ventaja
los ricos aun a los reyes,
que nos escriben y llaman
si tienen necesidad.
¿Aquí estás, Juana?

Infanta                    Aquí estaba
a ver si me mandas algo.

Tello Viejo         A Tello luego me llama.

Infanta             Perdonad, señor, no puedo;
porque me ha mandado Laura
que jamás hable con él,
pena de perder tu casa.

Tello Viejo         ¡Qué necios celos! ¡Qué presto!

Fortún              Si quiere casarse Laura,
no los tiene sin razón;
que puede dárselos Juana.
En casa de Aibar la vi,
y es muy honesta.

Tello Viejo             Eso basta;
que tengo por imposible
que la honesta yerre en nada.
Llama a Mendo.

| | |
|---|---|
| Infanta | Está en el monte. |
| Tello Viejo | Pues haz que cualquiera vaya<br>a buscar a Tello luego. |

Vase la Infanta.

En fin, de vuestras desgracias
tengo, como amigo, pena;
y el modo de remediarlas
es que os llevéis mil ovejas
de la más fértil manada;
y, si salís de estos pleitos,
y tenéis con qué pagarlas,
me las volveréis; si no,
quédense, Fortún, por dadas.

| | |
|---|---|
| Fortún | Besaros quiero los pies. |
| Tello Viejo | Eso para el rey o el papa;<br>que más os debo yo a vos,<br>que me habéis dado la causa<br>para daros las ovejas,<br>que vos a mí con tomarlas. |

Salen Sancho y un labrador con una pelleja, y Benito.

| | |
|---|---|
| Sancho | Entra, no tengas temor. |
| Benito | Más temo aquella cayada<br>que la vara de un alcalde,<br>pues no ejecuta la vara<br>tan presto lo que sentencia. |

| | |
|---|---|
| Tello Viejo | ¿Qué es eso, Sancho? |
| Sancho | No es nada.<br>Dice Benito que un lobo<br>le comió ayer una cabra,<br>y aquí te trae el pellejo. |
| Tello Viejo | ¡Qué disculpa tan cansada!<br>Júntanse cuatro serranos,<br>la que les parece matan,<br>y ponen la culpa al lobo.<br>Escrito trae en la cara,<br>aunque con poca vergüenza,<br>lo que comió de la cabra. |
| Benito (Aparte.) | No, señor. (En la barriga.) |
| Tello Viejo | Ahora bien; de su soldada<br>se le descuente; que el lobo<br>ni es mi pastor ni es mi guarda. |
| Benito | Si los perros se descuidan,<br>¿quieres tú que solo salga<br>contra animal tan feroz? |
| Tello Viejo | No me repliques palabra,<br>que, ¡vive Dios!... |

Pégale.

| | |
|---|---|
| Benito | ¡Ay! |
| Fortún | ¡Teneos!<br>Daisme mil ovejas dadas, |

y ¿en una cabra miráis?

Tello Viejo        ¿No veis que aquéste me engaña,
y vos venís a pedirme?

Salen la Infanta y Tello Mozo.

Infanta           Aquí está Tello.

Tello Mozo        ¿Qué mandas?

Tello Viejo       Tello, el rey me ha escrito.

Tello Mozo        ¿A ti?

Tello Viejo       ¿Es mucho? ¿De qué te espantas?
Veinte mil ducados pide.
Parécete que es sin causa?

Tello Mozo        La necesidad te escribe,
que la guerra de Navarra
y la del moro le aprietan.

Tello Viejo       Con el moro se trataba
darle a Elvira y, como Elvira,
la desesperada infanta,
—que ansí la llaman los versos
que hasta los muchachos cantan—
se mató, como se dice,
Tarfe ha juntado las armas
de sus amigos, y quiere
que del alto Guadarrama
la blanca nieve enrojezcan
aljubas de seda y grana.

Tú has de ir a León.

Tello Mozo          ¿Yo?

Tello Viejo          Sí;
que es digna aquesta jornada
de tu persona; que yo,
como sabe esta montaña,
no entré en mi vida en la corte,
ni he visto sus anchas plazas,
sus palacios ni sus reyes;
pero ninguno me gana
en el amor y lealtad.

Tello Mozo          Pues ¿a qué quieres que vaya?

Tello Viejo          Besarás la mano al rey,
y llevarasle una carta
con cuarenta mil ducados;
los veinte que el rey me manda
y veinte que yo le doy.

Tello Mozo          ¡Veinte mil veces bien haya
tu condición generosa!

Tello Viejo          Tello ¿su hacienda no gastan
los hombres por sus amigos,
o se pierden por fianzas?
Pues ¿qué amigo como el rey?
Oye aparte.

Hablan aparte los Tellos.

Tello Mozo          ¿Qué me mandas?

| | |
|---|---|
| Tello Viejo | ¿Tienes aquel vestidillo<br>con que ir a León pensabas<br>cuando yo te lo estorbé?) |
| Tello Mozo | Sí, señor. |
| Tello Viejo | Para que vayas<br>con él; porque no gastemos<br>en hacerte nuevas galas. |
| Tello Mozo | Gracia tiene. Das al rey<br>tanto dinero, y ¿reparas<br>en un vestidillo mío? |
| Tello Viejo | Luego ¿con el rey te igualas?<br>Vamos, Fortún, y ayudadme<br>a contar este oro y plata. |
| Fortún | A la fe, que como vos<br>pocos montañeses nazcan. |

Vanse todos, menos Tello Mozo y la Infanta.

| | |
|---|---|
| Tello Mozo | Espera, Juana. |
| Infanta | ¿Qué quieres? |
| Tello Mozo | Hablarte media palabra. |
| Infanta | Y ¿si la dices entera? |
| Tello Mozo | Si la digo, que no valga. |

| Infanta | Di presto. |
|---|---|

| Tello Mozo | Tus bellos ojos<br>me tienen cautiva el alma. |
|---|---|

| Infanta | Más has dicho de catorce.<br>Vete, que nos mira Laura;<br>que yo te hablaré después. |
|---|---|

| Tello Mozo | Por la primera esperanza<br>beso tu mano mil veces;<br>que, a la fe, que yo te traiga<br>de León... |
|---|---|

| Infanta | Quedo, ya viene. |
|---|---|

Vase Tello Mozo.

¡Qué necio amor me amenaza!

Sale Mendo con unas alforjuelas.

| Mendo | Pues yo no pierdo el juicio,<br>no sé para qué le aguarda<br>alguna poca prudencia<br>o alguna mucha ignorancia.<br>Cavando estaba en el monte<br>cuando a los pies de una zarza<br>me descubre el azadón<br>tanto bien, riqueza tanta,<br>que vengo fuera de mí.<br>Esta vez conquisto a Juana...<br>¿Qué es a Juana? ¡Voto al Sol,<br>que si estrellas fueran damas, |
|---|---|

que alcanzara las estrellas!
Ella está aquí.

Infanta
                    ¿De qué tratas,
Mendo, en tu imaginación?
¿Qué tienes, que a solas hablas?

Mendo
                    Yo, Juana, tengo mil cosas
en qué pensar.

Infanta
                    Los que andan
con el ganado en los montes,
o en las viñas con la azada,
¿tienen que pensar?

Mendo
                    A veces
cosas por los hombres pasan
que obligan a pensamientos
y a tratar en cosas altas.
No es todo lo que parece
y, si de ti me fiara,
yo te dijera...

Infanta
                    ¿De mí
tienes tú desconfianza?

Mendo
                    Eres mujer.

Infanta
                    Las mujeres
mejor los secretos guardan
que los hombres.

Mendo
                    A ser cierto,
pocas hubiera preñadas.

**84**

Mas, porque en algo me tengas,
ya que con desdén me pagas,
sabe, Juana, que soy hijo
de un gran señor de Alemania
que, pasando en romería
a Santiago desde Francia,
me dejó en cierta señora.
Críeme en esta montaña,
sabiendo solo el secreto
una labradora honrada
que tiene toda mi hacienda.
Si por dicha fueras, Juana,
bien nacida como yo,
tal estoy que me casara
contigo; pero no es justo
que, si eres de gente baja,
eche a perder mi linaje.

Infanta          Soy tan nueva en esta casa,
Mendo, que yo no conozco,
hasta que el trato lo haga,
ni los cuerdos ni los locos,
ni los humores que gastan.
¿Que tú eras loco?

Mendo                    ¿Yo loco?

Infanta          Pues tú, ¿señor de Alemania?

Mendo            Del marqués Pierres soy hijo;
y ya que el amor me manda
descubrirte mi secreto,
advirtiendo que si hablas
serás causa de mi muerte,

quiero que te satisfagas
de que es verdad lo que digo.

Infanta                         ¡Con qué locuras me engañas!

Mendo                           ¿Míranos alguien?

Infanta                         Ninguno.

Mendo                           Pues solo en aquesta caja
tengo...

Muestra la de las joyas de la Infanta.

Infanta (Aparte.)               (¡Ay Dios! ¿Qué es lo que veo?)

Mendo                           ...piedras y joyas tan raras
que puedo comprar la hacienda
de Tello.

Infanta                         Una sola basta.

Mendo                           Pues mira.

Infanta                         Qué hermosas joyas!

Mendo                           Pues tuyas serán si callas.
Casarémonos los dos,
aunque me ha dicho mi ama
que por los caniculares
ningún discreto se casa.
Mas no importa, yo soy mozo.

Infanta (Aparte.)               (Aquí es ocasión que valga

la industria a la buena dicha.)
Mendo, yo no imaginaba
que eras hombre de valor;
pero por la confianza
que has hecho de mí, yo quiero
pagarte con otra tanta.
No es la infanta de León
mejor que yo; historias largas
quieren tiempo; bien sé yo
que en nobleza no me igualas.
Con más espacio hablaremos.
Pero mira que no traigas
tan públicas esas joyas,
y que yo podré guardarlas.

Mendo        Hablémonos esta noche;
que yo haré lo que me mandas.

Infanta        No me tengo de ir sin ellas.

Mendo        Jura que no dirás nada.

Infanta        A mí me importa.

Mendo        Pues toma,
y dame esa mano blanca.

Infanta        ¿Qué puedo negarte, Mendo?

Mendo        ¿Quiéresme?

Infanta        ¿No es cosa clara?

Mendo        ¿Mucho?

Infanta          Y más que mucho.

Mendo                ¡Ay cielos!
               ¡Víctor, Mendo!

Infanta              Víctor, Juana!

               Fin de la segunda jornada

## Jornada tercera

Salen Tello Viejo, Tello Mozo y Mendo.

Tello Viejo          ¿Que tan bien te recibió?

Tello Mozo           No te puedo encarecer,
                     señor, el gusto y placer
                     que el rey de verme mostró.

Mendo                Pues ¿a quién llevan dinero
                     que reciba mal a quien
                     se lo lleva?

Tello Viejo          Dices bien,
                     agradecérselo quiero;
                        que en un librillo he leído
                     que en un jumento llevaban
                     una diosa que adoraban,
                     con el respeto debido,
                        los que la veían pasar,
                     hincándose de rodillas;
                     cuyas altas maravillas
                     pudo el jumento pensar,
                        como, en fin, era jumento,
                     que eran por él, y parose.
                     Viéndolo el dueño, enfadose
                     del soberbio pensamiento
                        y, pegándole muy bien,
                     le dijo con voz furiosa:
                     «No es a ti, sino a la diosa»;
                     que es esto mismo también.
                        Y así, pidiendo primero
                     del compararte perdón,

las honras del rey no son,
Tello, a ti, sino al dinero.

Tello Mozo          Como quiera que haya sido,
yo he sido del rey honrado,
y él con los dos se ha mostrado
liberal y agradecido.
    Celebró la carta y dijo
no sé qué de mi persona;
todo, en efecto, lo abona
el valor de ser tu hijo.
    «No he visto menos renglones
—dijo—, ni más voluntad.»

Mendo             Dijo el rey mucha verdad,
si eran las obras razones.

Tello Mozo          Informole un caballero
de ti por discreto modo
y, sabiendo que eras godo,
te hizo su tesorero,
    en muestra de sus deseos.
Y no es poca maravilla;
por que en León y Castilla
se ha usado tenerlo hebreos,
    por ser en esta ocasión
los más poderosos hombres,
y dar diferentes nombres
a oficios de estimación.
    Repliqué: «Si vos le hacéis
a Tello señor de España,
no vendrá de su montaña;
mal su condición sabéis».
    Y dijo: «Si ser señor

de su montaña desea,
señor de su tierra será».

Tello Viejo    Aun eso me está mejor;
               pero, puesto que me obliga,
               como razón que lo entienda,
               el darme mi propia hacienda
               es casarme con mi amiga.

Tello Mozo     Horca y cuchillo tenéis
               desde hoy.

Tello Viejo    ¡Bravo favor!

Mendo          Hagamos cuenta, señor,
               aunque poco me debéis;
               que no quiero que algún día,
               si tenéis juridición,
               con razón o sin razón,
               por alguna falta mía,
               uséis de esas facultades.

Tello Viejo    ¿Soy yo falto de juicio?

Mendo          Por ocupar el oficio
               haréis dos mil necedades.

Tello Viejo    Mendo, oyendo tu razón,
               conozco, aunque para honrallos,
               que soy señor de vasallos
               en que ya tengo bufón.

Mendo          También es cosa asentada,
               si el ser señor te tocó,

que soy virtuoso yo
en que no me has dado nada.

Tello Mozo          Oye también mis mercedes.

Tello Viejo         ¡Generosa condición!

Tello Mozo          Alcaide soy de León.

Tello Viejo         No sé, Tello, cómo puedes,
                    sin casarte.

Tello Mozo             Ya te entiendo.

Tello Viejo            ¡Qué presto que nos pagó
                    tú el llevarlo, el darlo yo!
                    Los reyes honran pidiendo
                       y es temeraria bajeza
                    de un vasallo dilatar
                    lo que le mandaron dar
                    Dios y la Naturaleza.

Tello Mozo             Finalmente, el rey quería
                    que tú le fueses a ver;
                    mas, viendo que no ha de ser,
                    dijo: «Pues yo iré algún día
                       a visitarle a su casa;
                    que le quiero por amigo».

Tello Viejo            Eso sí, venga; que os digo
                    que no se le muestre escasa.
                       Voyme a poner de señor.

Mendo                  Pues cierto que, bien mirado,

que vienes algo mudado
después de aqueste favor.

Tello Viejo          ¿Oficios mudan las caras?

Mendo          Y aun las almas.

Tello Viejo          Ven conmigo.

Vanse Tello Viejo y Mendo.

Tello Mozo          Amor, de mi mal testigo,
si en mis cuidados reparas,
¿cómo me dilatas, di,
el premio de tanta ausencia?

Sale la Infanta.

Infanta (Aparte.)          (Como ve la resistencia,
hace Amor suertes en mí.
¿Quién pensara que sintiera
la ausencia de un hombre yo,
y que, en viendo que volvió,
tan necia a verle viniera?
Mas ¡ay Dios!)

Tello Mozo          ¿Qué dicha mía,
Juana, a mis ojos te ofrece?
Agora sí que amanece,
porque sin el Sol no hay día.
¡Qué largos son en León!
Era un siglo una mañana,
si es reloj del tiempo, Juana,
la propia imaginación.

Déjame verte, que quieren
mis ojos satisfacer
lo que han faltado de ver,
pues verán mientras te vieren;
    que, no viéndote, no vieron.

Infanta          ¡Buen modo de encarecer,
después que vienen de ver
todo lo que ver quisieron!

Tello Mozo          Yo, mi bien, ¿qué vi sin ti?

Infanta          ¿Yo tu bien?

Sale Mendo quedito.

Mendo (Aparte.)          (Esto va bien.)

Tello Mozo          Tú mi bien; que ni ellos ven
sin ti, ni yo vivo en mí.

Infanta          Como vienes cortesano,
ya te enseñas a mentir.

Mendo (Aparte.)          (¡Qué bien se deja venir
el jilguerito a la mano!)

Infanta          Dios sabe, Tello, los miedos
que tu ausencia me causó.

Tello Mozo          ¿Esperábasme?

Infanta          Pues ¿no?

| | |
|---|---|
| Mendo (Aparte.) | (¡Aderézame esos bledos!<br>¡Vive Dios, que soy perdido!) |
| Tello Mozo | ¡Ay Juana! |
| Mendo (Aparte.) | (¡Ay rollo!) |
| Tello Mozo | ¿Qué haré?<br>¿Cómo, mi bien, bajaré<br>desde señor a marido?<br>    Que conozco tu virtud,<br>y me ha dicho tu valor<br>que has de volver por tu honor. |
| Mendo (Aparte.) | (Templando se va el laúd.) |
| Infanta | Si el traje te escandaliza,<br>yo sé quién es desigual. |
| Mendo (Aparte.) | (Ya pide este huevo sal,<br>pues que suda en la ceniza.) |
| Tello Mozo | ¡Oh, qué traigo de León<br>para adorno a tu hermosura,<br>si bien oro y plata pura<br>cosas inútiles son!<br>    Mas finalmente verás<br>una sarta de corales,<br>aunque a tus rosas iguales,<br>no serán corales más;<br>    que estarán cuando los venza<br>de su esmalte el vivo ardor,<br>o, de envidia, sin color<br>o más rojos de vergüenza. |

De los extremos recelo,
aunque son de oro también,
que no son de precio en quien
es toda extremos del cielo.
    Cuatro arracadas de perlas,
de una esmeralda colgadas,
dichosas y desdichadas,
si honrarlas es deshacerlas.
    Un Cupido de oro, a quien
lleva enfrenado un león;
tú entenderás la ocasión,
Juana, si me quieres bien.
    Ricas granas y palmillas
para sayas y sayuelos,
color de celos o cielos.
No te truje zapatillas,
    y no fue sin advertencia;
que dicen que es libertad
en principios de amistad
ganarse tanta licencia.
    Con esto sabrás que fue
advertida cortesía;
que quien zapatos envía
presume que ha visto el pie.
    En premio de esto te pido...

Mendo (Aparte.)      (No pedirá, ¡vive Dios!,
que yo apartaré a los dos.)
Señor, un hombre ha venido
    de León en busca tuya.

Tello Mozo      ¿Hombre? Luego vuelvo, Juana.

Vase.

| Mendo | ¡Ah Juana, Juana inhumana, |
| | Juana que el amor destruya, |
| | Juana mudable y traidora, |
| | Juana turca, Juana airada, |
| | Juana que, siendo criada, |
| | ya se levanta a señora! |
| | ¡Juana corales y perlas, |
| | Juana Cupido y palmillas, |
| | aunque no con zapatillas; |
| | tal miedo tuvo de hacerlas! |
| | ¡Oh, plega a tus pies ingratos |
| | que crezcan de aquí a San Juan |
| | tanto que en un cordobán |
| | no haya para dos zapatos! |
| | ¡Ah, falsa! |
| | |
| Infanta | Déjame aquí; |
| | que se lo diré a señor. |

Sale Laura y vase la Infanta.

| Laura | ¿Qué es esto? |
| | |
| Mendo | Celos y amor. |
| | |
| Laura | ¿Celos y amor, Mendo? |
| | |
| Mendo | Sí. |
| | |
| Laura | ¿Cúyos? |
| | |
| Mendo | De los dos. |

| | |
|---|---|
| Laura | ¿Por qué? |
| Mendo | Porque Tello declarado<br>quiere a Juana. |
| Laura (Aparte.) | (Mi cuidado<br>cierto pronóstico fue.) |
| Mendo | Dos mil varas de palmillas<br>le ha traído Tello a Juana,<br>y por falta de badana<br>no le trujo zapatillas;<br>treinta sartas de corales,<br>dos mil perlas, cien Cupidos... |
| Laura | ¡La de los ojos fruncidos!<br>¡La honesta! ¡Fiad de tales!<br>Pues, ¡por vida de mi tío...!<br>Allá voy; aquí te espera. |

Vase.

| | |
|---|---|
| Mendo | ¿Hay cólera, hay áspid fiera,<br>hay toro, hay presa de río<br>como celos en mujer?<br>Acabóse; yo he perdido<br>a Juana; mas justo ha sido,<br>si Juana de otro ha de ser. |

Sale la Infanta con su ropa, Laura e Inés.

| | |
|---|---|
| Laura | Salid, honesta, salid. |
| Infanta | Sin tanta furia, señora; |

**98**

que yo no he sido traidora
y que soy noble advertid.

Laura                     ¡Muy mal con esto se prueba!

Infanta                   Oye y no me culpes.

Laura                       Calla.

Inés                      La ropa quiero buscalla,
para ver si algo me lleva.

Infanta                   No tienes que buscar más.
Mujer soy de bien, Inés.

Hablan aparte Mendo y la Infanta.

Mendo                    Juana...

Infanta                   ¿Qué quieres?

Mendo                      Ya ves
que me quedo y que te vas;
  y pues te vas, no es razón
que no me vuelvas mi caja.

Infanta                   ¡Jesús, Mendo, y con ventaja!
¡Aquéstas tus joyas son!

Dale la caja.

Mendo                    Vete, Juana, que por ellas
pareceré lindo a alguna;
que está la buena fortuna

en darlas, digo en tenellas...
  Que alguna me está mirando
que por ellas me quisiera.

Infanta
  No me perturba y altera
tu desprecio, imaginando
  que me quita la ocasión
de mayor desdicha mía;
que ya Tello me tenía
gran parte del corazón.
  Adiós, primer sentimiento
de mi desdén; Tello, adiós.

Vase.

Mendo
  Ya estaréis libres las dos
de envidia y celos.

Laura
  Yo siento
  la ausencia de esta mujer,
pero más, que me dé celos.

Inés
  Mendo andaba con desvelos;
ya no tendrá que temer
  competencias de su amo.

Mendo
  Si tú a Sancho quieres bien,
no me preguntes a quién
quiero bien, celo o desamo.

Entre Tello Mozo, desatinado.

Tello Mozo      ¿Cómo? ¿A Juana? ¡Hay tal maldad!

| Mendo (Aparte.) | (El loco rompió la gavia.) |
|---|---|
| Tello Mozo | Quien de esta suerte me agravia<br>no me tiene voluntad.<br>¿Por dónde va? ¿Dónde fue? |
| Laura | Tente, primo; ¿dónde vas? |
| Tello Mozo | ¿Quién es? |
| Laura | Yo soy. |
| Tello Mozo | ¿Aquí estás? |
| Laura | ¿No me conoces? |
| Tello Mozo | No sé;<br><br>que, ¡vive Dios!... |
| Laura | ¿En la daga<br>pones la mano? |

Sale Tello Viejo.

| Tello Viejo | ¿Qué es esto? |
|---|---|
| Tello Mozo | Que ha despedido por mí<br>a Juana Laura, de celos. |
| Laura | Luego ¿no tengo razón? |
| Tello Viejo | Aunque la tengas, no has hecho,<br>sobrina, lo que era justo. |

| | |
|---|---|
| Laura | ¿Qué era justo? |
| Tello Viejo | Que primero<br>me hablaras, y yo la diera<br>algo para su remedio.<br>Y tú, ¿por qué la inquietabas? |
| Tello Mozo | Yo no soy hombre que tengo<br>pensamiento tan humildes. |
| Tello Viejo | ¿Tendrás otros pensamientos,<br>desde alcaide de León,<br>a esta parte? Ahora bien; quiero<br>hacer que vayan tras ella.<br>Y tú no te inquietes, Tello. |

Vase.

| | |
|---|---|
| Laura | No la verán más tus ojos. |
| Tello Mozo | ¿Cómo que no? Ensilla, Mendo,<br>el overo; que no fío<br>de mi padre. |
| Laura | Iré luego<br>a decirle que te vas.<br>Ven, Inés. |
| Tello Mozo | Ensilla presto. |

Vanse todos menos Mendo.

| | |
|---|---|
| Mendo | Ya, señor, voy a ensillar. |

**102**

Antes que saque el overo,
quiero visitar mis joyas,
porque de su luz espero
consolarme de la ausencia
de Juana.

Abre la caja.

¡Ay, Juana! ¿Qué es esto?
¡Vive Dios, que es un cordel
que me deja para el cuello!
¡Linda cadena! ¡Oh, qué joya
para un maldiciente necio!
¡Para quien sin saber nada
habla todo a todos tiempos!
¡Oh, Juanilla! ¡Oh, Juana! ¡Oh, sierpe!
¡Oh, pícara! A ensillar presto...
Pero mejor fuera a mí,
pues que fui mayor overo.

Vase. Sale la Infanta con su ropa.

Infanta            Donde mi fortuna quiere,
con inciertos pasos voy,
fugitiva de mí misma;
consejo de la razón.
En la paz que yo pensaba
hallé la guerra mayor,
en el sagrado el peligro,
y en el miedo la ocasión.
¿Qué pensó mi pensamiento,
cuando, siendo yo quien soy,
llevó mi memoria a Tello
y a su amor mi inclinación?

Nadie de los ojos fíe;
que al más levantado honor,
si no los cierra con llave,
le harán cualquiera traición.
De grande peligro salgo,
pues, con ver que libre estoy,
sospecha el temor que tengo
que le dejo el corazón.
Mas dice mi valor
que en los principios se resiste amor.
Pensó Laura que vengaba
de sus celos el rigor,
y diome Laura la vida;
que la ocasión me quitó.
Aunque lágrimas me cuesta,
ninguna culpa le doy;
mejor es perder a Tello
que no que me pierda yo.
Si fuera aquel mozo ilustre,
disculpara Amor mi error;
pero, criado entre ovejas,
no es bueno para león.
Sangre del godo Rodrigo
dicen que el tiempo le dio;
la buena persona el cielo,
y el rey Pelayo el blasón;
partes constituyen dignas
para amarle; mas, ¡ay Dios!,
que dice el Amor que sí,
y el rey, mi padre, que no,
y en esta confusión huye
la honra y se detiene amor.

Salen Tello Mozo y Mendo.

| | |
|---|---|
| Tello Mozo | Ten este caballo, Mendo;<br>que allí la he visto. |
| Infanta | ¡Ay de mí! |
| Tello Mozo | ¿Dónde vas, señora, ansí? |
| Infanta | Más que despedida, huyendo. |
| Tello Mozo | ¿De quién? |
| Infanta | De ti. |
| Tello Mozo | No lo entiendo,<br>pues que me llevas contigo. |
| Infanta | De un poderoso enemigo<br>voy huyendo. |
| Tello Mozo | ¿Quién? |
| Infanta | Amor. |
| Tello Mozo | Si es Amor, ¿tanto rigor,<br>tal crueldad, tanto castigo?<br>Vuelve, vuelve; que me envía<br>mi padre por ti. |
| Infanta | No puedo,<br>Tello; que me ha dado miedo<br>mi flaqueza y tu osadía. |
| Tello Mozo | Pues ¿de qué descortesía, |

Juana, te puedes quejar?
¿Es más que morir y amar
ésta de mi amor locura?
Si fue culpa tu hermosura,
¿en qué me puedes culpar?

Infanta

Tello, yo no he de volver...
por causas que tú no sabes.

Tello Mozo

Ya he visto en tus ojos graves
que eres principal mujer.
¿De callar y padecer,
Juana hermosa, te agraviaste?
¿De honesto amor te cansaste?
Déjame no más de verte;
mira que vengo a la muerte,
de un hora que me dejaste.
¿Qué será, Juana, de mí
si no vuelves?

Infanta

No, en mi vida.

Tello Mozo

Ya está Laura arrepentida;
ella me envía por ti.
Dicen que la culpa fui...
Vuelve, Juana, por mi honor;
que mi padre con rigor
me ha reñido tan extraño
que has de ir por su desengaño,
si no quieres por mi amor.

Infanta

¿Cómo quieres tú que viva
adonde Laura se abrasa?

| | |
|---|---|
| Tello Mozo | Tú serás, Juana, en mi casa |
| | paloma con verde oliva. |
| | No permitas, vengativa, |
| | que lo pague mi inocencia. |
| | Vuelve a honrar con tu presencia |
| | el oriente donde fuiste |
| | Sol; que de sombras le viste |
| | la soledad de tu ausencia. |
| | ¿Podrás tú, mi bien, sufrir |
| | que muera sin culpa yo? |
| | Porque Laura te ofendió, |
| | ¿me tengo yo de morir? |
| | ¿Adónde te quieres ir |
| | con esos pobres despojos, |
| | que no te den mil enojos, |
| | y por el hurto te prendan |
| | de un alma, por más que emprendan |
| | negarlo tus dulces ojos? |
| | ¿Dónde irás sin que por ello |
| | te injurien? ¿Quién te ha de ver |
| | que no diga: «Esta mujer |
| | se lleva el alma de Tello?». |
| | Si de la planta al cabello |
| | Laura envidia tu hermosura, |
| | muera Laura en su locura; |
| | piérdase Laura, no quien |
| | te estima y te quiere bien |
| | con fe tan honesta y pura. |
| | ¿Cómo, dime, negarás, |
| | si te prenden, que me llevas |
| | el alma, en llegando a pruebas |
| | de que tan hermosa estás? |
| | Luego más acertarás |
| | en volver donde me has muerto, |

porque es sagrado más cierto
para excusar el castigo;
pues mientras estás conmigo,
tendrás el hurto encubierto.

Que, estando los dos allí,
pues tú mi alma has de ser,
ninguno echará de ver
que estoy sin la que te di;
viviré yo, Juana, en ti,
aunque sin alma, no ausente;
que quien ama, si no miente,
porque hay amar y hay fingir,
eso deja de vivir
que deja de estar presente.

Infanta        ¡Qué de manera de engaños!
¡Qué de suertes de invenciones,
si de tus dulces razones
no resultaban mis daños!
Ejemplos y desengaños
me aconsejan que me aparte,
pero ¿dónde o en qué parte,
pues quise, siendo mujer,
no digo, Tello, querer,
sino querer escucharte?

Si las aves no pusieran
el oído a la traidora
voz que engaña y enamora,
nunca en la liga cayeran;
si a mí no me enternecieran
los encantos de tu canto,
tarde me rindieras tanto.
—Ahora bien; yo soy mujer.

| Tello Mozo | ¿Qué dices? |
|---|---|

| Infanta | Que esto es volver, |
|---|---|
| | aunque de serlo me espanto. |

| Tello Mozo | Pues ven, mis ojos, que allí |
|---|---|
| | Mendo está con el caballo. |

| Infanta | ¡Ay Tello!, obedezco y callo; |
|---|---|
| | que manda otro dueño en mí. |

| Tello Mozo | ¿Vuelves con tu gusto? |
|---|---|

| Infanta | Sí; |
|---|---|
| | pero en fe de tu valor, |
| | que respetarás mi honor. |

| Tello Mozo | La luz que en tus ojos veo |
|---|---|
| | sabrá tener el deseo |
| | y reportar el amor. |

Vanse. Salen Tello Viejo, Laura e Inés.

| Tello Viejo | ¿Estás loca? |
|---|---|

| Laura | Loca estoy; |
|---|---|
| | y tú lo pareces más, |
| | pues tal licencia le das. |

| Tello Viejo | Yo ¿qué licencia le doy? |
|---|---|

| Laura | Tello ¿no es ido por Juana |
|---|---|
| | con tu licencia? |

| | |
|---|---|
| Tello Viejo | Él se fue; |
| | porque yo a Sancho envié, |
| | y no a Tello, esta mañana. |
| | |
| Laura | Si Tello tiene mujer, |
| | y tú nuera, dime, tío, |
| | ¿esperar no es desvarío |
| | a que yo lo venga a ver? |
| | |
| Tello Viejo | Tello, por hacerme gusto, |
| | aunque sin pedir licencia, |
| | no porque siente su ausencia, |
| | ni para darte disgusto, |
| | fue por Juana; y no hay razón |
| | que digas que es su mujer; |
| | porque ¿cómo lo ha de ser |
| | sin calidad? Que no son |
| | tan bajos los pensamientos |
| | de Tello. |
| | |
| Laura | Ahora bien, yo soy |
| | desdichada y yo me voy, |
| | que, amores o casamientos, |
| | no los tengo de sufrir. |
| | |
| Tello Viejo | ¿Dónde vas? |
| | |
| Laura | En cas de Aibar. |
| | |
| Tello Viejo | ¿En cas de Aibar? |
| | |
| Laura | A llorar... |
| | y a servirle... |

| | |
|---|---|
| Tello Viejo | ¿Tú a servir? |
| | Quien manda treinta criadas, |
| | ¿ha de servir? |
| | |
| Laura | ¿Qué ha de hacer, |
| | si Tello tiene mujer? |
| | |
| Tello Viejo | Necedades excusadas. |
| | Mi sobrina, ¿para quién |
| | es mi hacienda? |
| | |
| Inés | Mendo viene, |
| | y escrito en los ojos tiene |
| | que no ha sucedido bien. |

Sale Mendo.

| | |
|---|---|
| Mendo | Buenas nuevas. |
| | |
| Tello Viejo | ¿Pareció? |
| | |
| Laura | Mejor de otra suerte fuera. |
| | |
| Mendo | Pareció Juana en un bosque, |
| | cuyas floridas riberas |
| | cubren dos mansos arroyos, |
| | más que de cristal, de arena; |
| | que ellos propios la levantan, |
| | riñendo donde se encuentran. |
| | Viola Tello, y arrojose |
| | del caballo; así las riendas, |
| | y estuvímonos los dos, |
| | él contemplando la yerba, |
| | y yo de los dos amantes |

satisfacciones y quejas.
Juana volver no quería;
que dice que la atormentan
celos de Laura, y mi amo
la obligaba hasta vencerla;
si bien es verdad, señor,
que las mujeres discretas
obran lo que menos dicen,
y huyen lo que más desean.
En fin, por fuerza o por gusto,
que esto de alegar la fuerza
las mujeres es lo mismo
que dar la disculpa de Eva,
entre los dos la pusimos
en las ancas. La destreza
de Tello a lo cazador
se vio, pues, sin ofenderla,
subió gallardo en la silla;
pero, dejando la senda
que viene a casa, del bosque
siguió la inculta maleza.
Ella, para no caer,
que pienso que si cayera
se lastimara en los troncos
de aquella intrincada selva,
echole el derecho brazo
al cuello, y de esta manera
se me perdieron de vista;
que llevaba Tello espuelas.
Y, aunque era entonces Pegaso
el rocín, yo le siguiera
con ansia de ver a Juana,
porque amor y celos vuelan;
pero Tello me decía,

«Mendo, quédate o te asienta;
mira que te cansarás.»
Entendile y di la vuelta.

Laura                          De esto ¿qué dirás, señor?

Tello Viejo                  Que, como sabe la tierra,
Tello buscaría el atajo.

Mendo                        Y es muy discreta respuesta;
que no hay atajo en el mundo,
Laura, que más fácil sea
que llevarse una mujer
adonde jamás parezca.
Con esto se ahorra un hombre
de requiebros y promesas,
y de andar, como en los pleitos,
en demandas y en respuestas.
Si es el fin el matrimonio,
y el fin los sucesos prueba,
¡bien haya, amén, el concierto
que no aguardó la sentencia!

Salen Tello Mozo y la Infanta.

Tello Mozo                  Llega, y besarás la mano
a mi señor.

Infanta                        Con vergüenza
de Laura llego.

Inés                             Éstos son.

Tello Viejo                  ¡Vive Dios, que te quisiera,

**113**

Mendo, con esta cayada
hacer cuatro la cabeza!
¿Ves cómo por el atajo
vino?

Mendo                    Y es cosa muy cierta;
                    pero no le hay sin trabajo.
                    Mas yo me huelgo que venga...
(Aparte.)           (porque me vuelva mis joyas).

Tello Mozo          Juana la mano te besa
                    por la merced que le has hecho.

Infanta             Señor, cuando yo ofendiera
                    a mi señora, era justo
                    que castigara mi ofensa;
                    pero no, estando inocente.

Laura               Sí, si la misma inocencia,
                    y aun con esas humildades,
                    se sale con cuanto intenta.

Infanta             Señora, yo no quería
                    volver; Tello me hizo fuerza.

Hablan aparte Mendo e Inés.

Mendo               ¿A fuerza ha llegado el caso?
                    Para bien las bodas sean.

Inés                Calla, malicioso, y mira
                    que es Juana mujer honesta.

Mendo               ¿Quítole su honestidad?

Tello se queda con ella.

Tello Viejo    Ahora bien; Laura, por mí,
si es justo que lo merezca,
habéis de hacer amistad.

Laura    ¿No basta que tú lo quieras?

Tello Viejo    Juana, abraza a tu señora;
y, porque de hoy más no tengas
celos, casemos a Juana.

Tello Mozo    No habrá cosa con que pueda
estar Laura más segura.
Mendo su marido sea.

Mendo    Antes de ir por el atajo,
al mismo rey no la dieras,
y ¿a mí me la das agora?
No sé, ¡por Dios!, si la quiera.
Mas será envite de falso.

Tello Mozo    No, Mendo, por Dios; que de ella
sé que agradece tu amor.

Mendo    ¿Es verdad, Juana?

Infanta    No tengas
duda de mi amor.

Mendo    Agora
digo que los celos ciegan.
Mira, Tello, no te espantes
de que yo a Juana no crea

que, como en aquel rocín
diste tan larga carrera,
venir a parar en mí
no ha sido poca destreza.

Tello Viejo          Ahora bien; yo doy en dote
a Juana cincuenta ovejas,
dos vacas, cuatro lechones,
y de trigo veinte hanegas;
y a Mendo doy una vara,
pues soy señor de esta tierra.

Mendo          No me des, señor, oficio
que, si no prendo, me pierda,
pues en efeto es prender,
y, si prendo, me aborrezcan.

Tello Viejo          Ahora bien; trazad la boda.

Hablan aparte Tello Mozo y Laura.

Tello Mozo          Con esto segura quedas.

Laura          Juana, una sartén te mando
y una cama de red nueva.

Tello Mozo          ¡Ay Juana, que aunque es de burlas,
siento el casarte de veras!

Vanse, y quedan Mendo e Inés.

Inés          ¿Parécete, Mendo, bien
de la suerte que me dejas?

| | |
|---|---|
| Mendo | Inés, cuando de casarme |
| | te resulte alguna ofensa, |
| | no quieras mayor venganza. |
| | |
| Inés | Todos sois de esa manera; |
| | pero todos os casáis. |
| | |
| Mendo | Inés, el casarse es fuerza. |
| | |
| Inés | Pues ¿cómo os quejáis después? |
| | |
| Mendo | No todos después se quejan; |
| | que muchos aciertan mucho, |
| | y otros por su culpa yerran. |
| | No está la paz en castigos, |
| | que deshonran; no remedian, |
| | sino en no querer los hombres |
| | volar por cosas ajenas. |
| | Regalos guardan lealtad; |
| | debida correspondencia |
| | en la mesa y en la cama |
| | hacen las mujeres buenas. |
| | |
| Inés | Bravo casado serás. |
| | |
| Mendo | No quiera Dios que tal sea. |
| | |
| Inés | Pues, ¿qué? ¿Manso? |
| | |
| Mendo | Peor, Inés; |
| | sino que quiera y me quieran. |
| | Y que alcance a nuestros hijos |
| | la bendición de la Iglesia. |

Vanse. Salen Tello Viejo y Sancho.

| Tello Viejo | Esos, Sancho, no es posible que sepan que soy señor. |

Tello Viejo          Esos, Sancho, no es posible
que sepan que soy señor.

Sancho          Excusarse del rigor
parece cosa imposible.

Tello Viejo          Otro parece que estoy
después que tengo el gobierno.

Sancho          Tierno me pareces.

Tello Viejo          ¿Tierno?
Verás qué castigos doy.

Sancho          Tampoco has de ser cruel.

Tello Viejo          Ya sé yo que la templanza
nos enseña la balanza
que hay del cuchillo al cordel.

Sale Mendo con vara, y villanos.

Mendo          No se puede imaginar
la ventura que he tenido.

Tello Viejo          Pues, Mendo, ¿qué ha sucedido?

Mendo          No acababa de tomar
la vara que veis aquí
cuando dicen que el rey viene.

Tello Viejo          ¿El rey?

| | |
|---|---|
| Mendo | Y el que solo tiene<br>jurisdición sobre mí. |
| Tello Viejo | Pues di, ¿quién te dijo a ti<br>que el rey al monte venía? |
| Mendo | Quien le vio cazar. |
| Tello Viejo | Sería<br>cerca de León, no aquí. |

Ruido dentro.

| | |
|---|---|
| Mendo | ¿No aquí? Pues ese ruido<br>¿qué piensas que puede ser? |
| Sancho | Ya comienza a anochecer,<br>y debe de haber venido<br>con ánimo de que seas<br>su huésped. |
| Tello Viejo | Turbado estoy<br>Mendo, a recebirle voy. |

Vase.

| | |
|---|---|
| Mendo | ¡Hola, Sancho! Enciendan teas<br>por cuantas peñas y partes<br>tiene este monte, que son<br>de esta humilde habitación<br>los muros y baluartes.<br>Voy a buscar frutas secas. |

A un Villano.

Tú, di a Juana que no salga;
porque aquesta gente hidalga
se muere por villan[ecas];
    y ella, por lo remilgado,
les hará conversación.

Sancho        Parte seguro; ellos son.
Todo se alborota el prado.

Vanse. Salen el Rey de León, Tello Mozo, Tello Viejo, y criados.

Tello Viejo        ¿Cuándo, señor, merecí
tanto honor?

Rey              A conoceros,
Tello, he venido, y a veros,
pues vos no me veis a mí.
    Vuestro hijo ¿dónde está?

Tello Mozo        A vuestro[s] pies, gran señor.

Rey              ¿Sabéis que es mi alcaide?

Tello Viejo        Honor
tan grande otro ser le da
    de aquél que tiene de mí.

Rey              ¿No tenéis más?

Tello Viejo        Hanse muerto;
y estuvieron en lo cierto;
    que para Tello hay aquí,

y para tantos no había.

**Rey**                    ¿No le casáis?

**Tello Viejo**              Aquí tengo
una sobrina...

**Rey**                  Si vengo
a tiempo, servir querría
   de padrino a mis parientes.

**Tello Viejo**          Templad, señor, los favores;
que reyes y labradores
son extremos diferentes.

**Rey**              Llamadme vuestra sobrina.

**Tello Viejo**        Como es hora de cenar,
pienso que debe de andar
del estrado a la cocina.

**Rey**              ¡Oh, qué envidia, Tello, os tengo!

**Tello Viejo**        Señor, por acá se pasa
pobremente.

**Rey**                A vuestra casa
más pobre que nunca vengo.

**Tello Viejo**        Pues no lo saldréis de aquí;
que toda os la llevaréis.

Sale Laura.

| | |
|---|---|
| Laura | Aquí, gran señor, tenéis,<br>para que os sirváis de mí,<br>vuestra pobre labradora. |
| Rey | ¿Es vuestra sobrina? |
| Tello Viejo | Laura,<br>señor, mi casa restaura,<br>si vos la casáis agora. |
| Rey | Mucho me alegro de veros. |

Salen Sancho y Mendo. Hablan aparte los dos.

| | |
|---|---|
| Sancho | Arrima luego la vara. |
| Mendo | ¿Yo? ¿Por qué? |
| Sancho | Porque está el rey<br>presente. |
| Mendo | No es de importancia. |
| Sancho | ¿Cómo no? |
| Mendo | Si un capitán,<br>de la guerra o de las armas<br>viene a ver y hablar al rey,<br>Sancho, ¿quítase la espada? |
| Sancho | No, Mendo. |
| Mendo | Pues ¿qué más tiene? |

| | |
|---|---|
| Sancho | Necio, ¿no ves que es la causa<br>porque representa al rey,<br>que es justicia soberana,<br>y no hay otra en su presencia? |
| Mendo | ¿Que una cosa tan delgada,<br>Sancho, represente al Rey? |
| Sancho | En eso, Mendo, declara<br>que no ha de tenerla adonde<br>pueda estar cosa contraria. |
| Mendo | Después que eres escribano,<br>Sancho, a lo de corte hablas. |
| Sancho | Y tú ¿no piensas mudar<br>el ingenio y las palabras? |
| Mendo | No sé, por Dios. Mas ya ponen<br>la mesa; arrimo la vara<br>por pescar alguna cosa.<br>que no porque es de importancia. |

Sacan la mesa y salen los músicos, y hay en la mesa una tortilla de huevos y un poco de manjar lanco, y en la tortilla de huevos una sortija.

| | |
|---|---|
| Tello Mozo | Ya está prevenido todo. |
| Rey | Tello será maestresala. |
| Tello Mozo | Turbareme, gran señor. |
| Mendo | Él manda como en su casa. |

Rey                     ¿Quién sois vos?

Mendo                       El alguacil.

Rey                     ¿Queréis algo?

Mendo                       Los que tratan
                        de la salud, comer mucho,
                        aunque tengan buena gana,
                        dicen que es delito; y vengo
                        a ver si en tanta abundancia
                        puedo pescar cualque cosa.

Dale el Rey el plato de manjar blanco.

Rey                         Buen labrador...

Tello Viejo                 Es la gracia
                        de todo el monte.

Mendo                       Y la hambre.

Rey                     ...tomad.

Mendo                       ¿Por cuánto faltara
                        manjar blanco?

Tello Viejo                 Parecéis
                        príncipe que come en farsa.

Agora cantan los que quisieren.

Rey                         ¿Tortilla de huevos? Bueno.
                        El gusto me adivinaba

quien este cuidado tuvo.

Va a comer, y topa con la sortija en los dientes.

Mendo
Traigan luego vino y agua;
que ha topado alguna piedra.

Tello Viejo
¿Piedra, señor? ¡Cosa extraña!

Rey
Esta sortija conozco.

Tello Viejo
¿Entre los huevos estaba
sortija?

Rey
Y sortija mía.

Mendo
Pues ¿de eso poco se espanta?
En una morcilla un día
hallé yo toda una sarta
de cuentas que parecían
dentro piñones y pasas.

Rey
¿Quién hizo aquesta tortilla?

Tello Viejo
¿Quién guisó estos huevos, Laura?

Laura
Juana, señor, los guisó.

Rey
¿Quién es Juana?

Tello Viejo
Llama a Juana.

Mendo
A prender a Juana voy.

| | |
|---|---|
| Sancho | ¿Por qué? |
| Mendo | Por tortillas falsas, |
| | y porque quebró las muelas |
| | a un rey de tanta importancia. |
| (Aparte.) | (Esta vez cobre mis joyas. |
| | ¡Oh ladrona, que le echabas |
| | piedras al rey en los huevos, |
| | como a bestia en la cebada!) |
| | Allá dentro voy por ella. |
| Rey (Aparte.) | (¡Cielo! ¿Quién imaginara |
| | que yo viniera a tener |
| | tanta pena en esta casa? |
| | Esta sortija es de Elvira, |
| | que con esta sierpe engasta |
| | este diamante y rubí.) |

Hablan aparte los Tellos.

| | |
|---|---|
| Tello Mozo | Señor, hoy prenden o matan |
| | a Juana, si por ventura |
| | piensan que veneno daba |
| | al rey en esta sortija. |
| Tello Viejo | ¡Veneno! ¡Infame criada! |

Sale Mendo con la Infanta.

| | |
|---|---|
| Mendo | Por fuerza habéis de salir. |
| Infanta | ¡Déjame, por Dios! |
| Tello Viejo | Villana |

**126**

de Zamora o del infierno,
¿qué es esto que al rey le dabas?

Rey                    Tello, dejádmela ver.

Tello Viejo            ¿Para qué encubres la cara?
Quita las manos.

Rey                         ¿Qué veo?
Ya se me enternece al alma.
¿Eres tú, Elvira? ¿Eres tú,
hija, que de mis entrañas
fuiste cuchillo en tu muerte?

Tello Viejo            ¿Cosa que fuese la infanta?

Tello Mozo             ¡Ay padre! Si lo es, soy muerto.

Rey                    Elvira, a tu padre abraza,
y agora venga la muerte.

Mendo (Aparte.)        (Agora es cuando me manda
freír en aceite el rey.)
¡Ah Juana! Si eres infanta,
destruécame aquel cordel;
que yo te daré la caja.

Infanta                Tuyas serán todas, Mendo.

Tello Viejo            Señor, toda nuestra casa
perdona; que no supimos
quién era.

Rey                    Quise casarla

a su disgusto, y agora,
Tello, la doy la palabra
que solo a su gusto sea.

Infanta            Sí será; que estoy casada.

Rey                ¿Casada? ¿Con quién?

Infanta                  Con Tello,
a quien tú pariente llamas.

Rey                Si no te hubieras casado,
Elvira, yo te casara;
porque no pudiera darle
de este servicio otra paga.
Daos las manos.

Tello Mozo            Bien merece
mi amor, mi fe, mi esperanza
este premio.

Tello Viejo            No prosigas;
porque aquí la historia acaba
de Los Tellos de Meneses,
godos de la antigua España
hasta la segunda parte
que refiera sus hazañas.

Fin de la comedia

## Libros a la carta

A la carta es un servicio especializado para

empresas,

librerías,

bibliotecas,

editoriales

y centros de enseñanza;

y permite confeccionar libros que, por su formato y concepción, sirven a los propósitos más específicos de estas instituciones.

Las empresas nos encargan ediciones personalizadas para marketing editorial o para regalos institucionales. Y los interesados solicitan, a título personal, ediciones antiguas, o no disponibles en el mercado; y las acompañan con notas y comentarios críticos.

Las ediciones tienen como apoyo un libro de estilo con todo tipo de referencias sobre los criterios de tratamiento tipográfico aplicados a nuestros libros que puede ser consultado en Linkgua-ediciones.com.

Linkgua edita por encargo diferentes versiones de una misma obra con distintos tratamientos ortotipográficos (actualizaciones de carácter divulgativo de un clásico, o versiones estrictamente fieles a la edición original de referencia).

Este servicio de ediciones a la carta le permitirá, si usted se dedica a la enseñanza, tener una forma de hacer pública su interpretación de un texto y, sobre una versión digitalizada «base», usted podrá introducir interpretaciones del texto fuente. Es un tópico que los profesores denuncien en clase los desmanes de una edición, o vayan comentando errores de interpretación de un texto y esta es una solución útil a esa necesidad del mundo académico.

Asimismo publicamos de manera sistemática, en un mismo catálogo, tesis doctorales y actas de congresos académicos, que son distribuidas a través de nuestra Web.

El servicio de «libros a la carta» funciona de dos formas.

1. Tenemos un fondo de libros digitalizados que usted puede personalizar en tiradas de al menos cinco ejemplares. Estas personalizaciones pueden ser de todo tipo: añadir notas de clase para uso de un grupo de estudiantes, introducir logos corporativos para uso con fines de marketing empresarial, etc. etc.

2. Buscamos libros descatalogados de otras editoriales y los reeditamos en tiradas cortas a petición de un cliente.